9条「解釈改憲」から密約まで

対米従属の正体

米公文書館からの報告

ジャーナリスト
末浪靖司
Suenami Yasushi

高文研

第二次大戦後、日本国憲法第九条は、二度と戦争をしてはならないと決意した日本国民の総意のもとに、マッカーサー連合国軍総司令官の指示で生まれた。

九条は戦争を放棄し、「陸海空軍その他の戦力」の保持を禁止する。

敗戦から六年がたった一九五一年九月、日本は連合国との平和条約に調印し、翌五二年四月、「独立」を回復した。

主権を回復した日本、憲法九条をいただく日本に、「戦力」そのものである米軍が駐留を続けることは出来ない。

そこでアメリカは、九条の「新解釈」をひねり出し、その「解釈」をひそかに日本政府に教え込むのである。

そしてその「解釈」は、一九五九年、米軍基地拡張をめぐる砂川裁判の東京地裁判決（伊達判決）――日本駐留の米軍は九条違反――を受けての最高裁長官と駐日アメリカ大使の密談により、地裁判決をくつがえした最高裁砂川判決となって、五〇年後の現在も通用しつづけている。

ここから発した日米両政府の「合意・密約」のもとで、米軍は日本の法令を無視して自由に行動し、住民は米軍機の低空飛行や基地被害に泣かされている。

大量のアメリカ政府秘密解禁文書の精査から浮かびあがったのは、政府発表では隠され、マスコミも報道しなかった戦後日米関係の〝真実〟である。

目次

Ⅳ 日本からの「米軍出撃」と「核持込み」の密約

◇米国立公文書館で入手し、本書で使用した資料（電文）などは、各章ごとに（1）（2）（3）…と番号を振り、巻末にまとめて示しています。
◇この電文中の［　］内は、読者の理解しやすさを考えて筆者が補ったものです。

装丁＝商業デザインセンター・増田絵里

米国立公文書館Ⅱの正面。右側のガラス貼りの建物が閲覧棟

はじめに

私が米メリーランド州パークカレッジにあるアメリカ国立公文書館に通いはじめて、二〇一二年で七年になる。公文書館の正式名称は国立公文書記録庁National Archives and Record Administration、略称NARAである。アーカイブ本館はワシントンDCの中心にあるが、私のリサーチ対象である国務省、駐日大使館、統合参謀本部などの文書は、アーカイブⅡと言われるカレッジパークの新館に保管されている。

アメリカでは情報自由法によって三〇年を経た政府文書は原則として開示されることになっている。ここには、大統領府をはじめ在外公館を含む政府各部局、陸海空軍と海兵隊の四軍とその司令部が作成した文書や映像が持ち込まれてくる。その閲覧を求めてアメリカ国内をはじめ世界各国から研究者が来ている。

公文書館にあるのは、アメリカ政府活動の歴史そのものである。文書が一枚でも館外に持ち出されたり、紛失したりすると、歴史の一部が消えることになる。閲覧者が文書の順序を変えたり傷をつけたりしないか、スタッフが常時監視している。ルール違反を見つけるとただちに注意する。

文書は機密(TOP SECRET)、極秘(SECRET)、秘密(CONFIDENTIAL)、部外秘(OFFICIAL USE ONLY)、秘密なし(UNCLASSIFIED)などの秘密区分が指定されている。それらをスキャン、撮影、コピーするには申請し、デクラス・スラッグという小さな紙に秘密指定解除番号、日時を書いてもらい器材に貼るとともに、複写OKの許可証を掲示する。

筆記用具の持ち込みは厳禁。公文書館専用のメモ用紙と鉛筆は用意されているが、あまり利用されていない。ほとんどパソコンに記録するか、コピー、撮影、スキャンだ。

閲覧室に出入りする際は、持ち込むパソコンやスキャナーのカバーを開いて、セキュリティ・スタッフに書類が隠されていないことを示す必要がある。製造番号は読みあげて、届けてある番号と一致していることを確認する。

文書はアーキビストといわれる各分野の専門家が分類したものだが、閲覧を申請して出て来たものが探しているものかどうかは、読んでみないとわからない。関係がないと思われる文書群の中に思わぬ発見をすることがあるから、まず読むことだ。的外れもあるが、長年通っていると、どこにどんなものが保管されているか、少しは勘がついてくる。

私が公文書館に通うようになったのは、日本に駐留する米軍が日本の法令・規則にとらわれずに自由に行動していることに疑問をもったからだ。

米軍の飛行機は爆音を轟かせて日本の空を低空で飛びまわり、各地で被害をあたえている。「赤ん坊が泣きやまない」「受験勉強ができない」「牛が乳を出さない」「土蔵が壊れた」といった苦情が、もう何十年も前から出ている。知事や市町村長らがくりかえし外務省や防衛省に「やめさせてくれ」と陳情しているが、らちがあかない。基地周辺の住民は「せめて夜間と早朝の飛行はやめて」と繰り返し訴訟を起こしている。低空飛行訓練は北海道から九州・沖縄まで全国におよんでいる。米軍はいくら訴えても止めな

文書はホリンジャー・ボックスと呼ばれる箱に入って出てくる。ボックスには文書名、作成した政府機関名、ファイル名などが記入されている

い。それはなぜなのか？

港湾を管理している知事や市町村長が「寄港はご遠慮を」と頼んでも、アメリカの軍艦は入ってくる。それはなぜなのか？

アメリカの軍人や軍属が罪を犯しても、日本の裁判所では裁くことができない。それはなぜなのか？

一九九五年にニューヨークに家族旅行をした時に、ブロードウェイのフィデラル・プラザにあった政府印刷局に立ち寄って、国務省発行『米国の外交関係』（略称ＦＲＵＳ）を何冊か買ってきた。その中の「一九五五―一九五七年版日本」を読んで疑問はさらに深まった。

一九五七年に起きたジラード事件で、日米両国の政府は犯人を事実上無罪放免する「密約」を結んでいた。当時のアイゼンハワー大統領、ダレス国務長官ら政府首脳の電話会話メモ、大統領執務室での協議内容などから、「密約」を実行するためにアメリカ政府がどのように動いたのかが、国務省の文書を読んでわかった。

ジラード事件は、生活のために空《から》の薬莢《やっきょう》を拾いにきていた女性を、米兵が「ママさん、ダイジョウブ、ブラス（薬莢）タクサンネ」と言っておびき寄せ、逃げるところを狙撃し殺害した事件だ。

この国務省の文書を読んで驚いた。日本では、検察庁はもちろん法の番人であるはずの裁判所までが、密約の筋書き通りに動いていた。

アメリカの軍隊は安保条約・地位協定で多くの特権が認められているが、そのほかに日米間には多くの密約がある。なかでも重要な密約は、米軍の駐留が日本防衛のためでなく、別の目的のためであることに関わっている。米軍駐留が日本防衛のためでないとすれば、国民は何のためにその犠牲や被害に耐えているのか？

相手がアメリカ政府となれば、頼みは裁判所だが、これが役に立っていない。アメリカの軍隊が日本で法律を守らないのは、政府から独立しているはずの裁判所にも問題があるのではないか？

こうした疑問を解くためにアメリカに通うことになった。

こんな状態を放置しておいては、日本の将来にとってもよいわけがない。日米関係にとっても同じだ。不正常な状態は一日も早く是正する必要がある。

本書に紹介したのは米公文書館で入手した文書の一部だが、ここには日米関係の真実がある。これを読んでいただくと、問題の所在と同時に、その解決方法もおのずから浮かび上がってくるはずである。

なお、米公文書館で入手し引用した文書の出所は文書の末尾に番号をつけ、巻末に列記した。文書中の［　］内は、わかりやすさを考慮して筆者が補ったものである。

I

「米軍駐留」合憲化への工作

1　最高裁判決の陰に長官とアメリカ大使の密談

砂川事件と伊達判決

二〇一一年秋、米公文書館の閲覧室で国務省の極秘解禁文書を読んでいた私は、思わず驚きの声をあげた。その文書とは、マッカーサー駐日大使がハーター国務長官にあてた一九五九年一一月五日の極秘書簡で、大使が田中耕太郎最高裁長官と密談した、その報告書である。最高裁長官がなんと砂川裁判大法廷の評議の内容をアメリカの大使に伝えていたのである。(注)

(注)　安保改定時のダグラス・マッカーサー駐日大使は、第二次大戦終戦後、日本を占領・支配したダグラス・マッカーサー連合国軍最高司令官の甥にあたる。この総司令官と区別するため、マッカーサー2世とも呼ばれ、国務省の文書では「マッカーサーⅡ」などと表記されている。本書では、両者を区別する必要がある場合はそれぞれ「マッカーサー大使」「マッカーサー占領軍総司令官」

と書くが、どちらを指しているかが明らかな場合は、煩雑を避けるために「マッカーサー」とのみ記す。

なお、日本は敗戦から約六年後の一九五一年九月、サンフランシスコにおいて、アメリカを中心とする連合国と平和（講和）条約に調印、翌五二年四月、その条約の発効によって「独立」を回復した。したがって、それ以後の米軍の日本駐留は、サンフランシスコ平和条約と同時に調印された日米安保条約による。

裁判官が評議の内容を外部に漏らすことは、評議の秘密として厳しく禁じられている。しかも大法廷が審理していたのは、米軍駐留が違憲か合憲かという重大問題であり、最高裁長官が密談していた相手はアメリカの駐日大使という事件の当事者である。最高裁長官である裁判長が、一方の当事者に対し裁判所内部での評議の内容を明かすのでは、裁判の公正などあろうはずがない。田中最高裁長官は、いったいなぜそんな行為に出たのか。砂川裁判大法廷が開かれるにいたった事情についてまず簡単に見ておこう。

砂川事件とは、一九五七年七月八日、東京都砂川町（現在は立川市）で基地拡張のための測量に反対する地元農民とこれを支援した労働者、学生に警官隊が暴力的に襲いかかり、基地に立ち入ったとして市民七人を日米安保条約にもとづく刑事特別法（刑特法）違反で逮捕・起訴した事件である。

これより三年前の一九五四年三月、米軍は飛行場の滑走路を延長するため、立川、横田、新潟、小牧、木更津の五基地の拡張を決定した。当時、東京都北多摩郡砂川村（五四年六月三〇日砂川町に）は戸数三千戸弱、人口一万二千余、麦、さつまいも、桑などを栽培する村だった。しかし、戦時中は日本陸軍による立川飛行場建設のため土地を取り上げられ、米軍機の相次ぐ空襲で多数の犠牲者を出し、戦後は米占領軍に多くの土地を接収された。これ以上、農地をとられたら、農民は生きてゆけない。砂川町は基地拡張と土地収用に反対して、町長を先頭に町ぐるみで立ち上がった。

政府は、一九五五年九月から五七年六、七月にかけて繰り返し大量の機動隊を出動させ、基地拡張予定地に杭をうち測量を強行した。農民たちは測量予定地に座り込んで抵抗したが、機動隊によって多数の負傷者や検挙者を出した。砂川の婦人や支援の学生たちは、殺気立った機動隊と対峙しながら、だれからともなく「夕やけこやけの赤とんぼ」と童謡を静かに、心をこめて歌い、「土地に杭はうたれても、心に杭はうたれない」と誓い合った。

当時、アメリカの基地拡大に反対する闘いが各地で起こっていた。一九五三年、石川県内灘《うちなだ》村では米軍射爆場の無期限使用計画に反対して地元農民が射爆場に座り込んだ。北陸鉄道労組は射爆場に反対し米軍物資輸送拒否のストに入った。

同年、群馬県の妙義山では米軍演習場設置に地元農民が反対運動を強化し、一九五五年には米軍が予定地での演習中止に追い込まれた。

同年、山梨県の北富士では演習場拡張に反対して、地元農民が座り込みに入り、米軍はこれを無視してたびたび射撃演習を行った。横田、新潟、小牧、伊丹、木更津でも、基地拡大に反対する運動が激化した。

米軍事占領下の沖縄では、米軍が農民に銃剣をつきつけて土地を強奪し、それに対する闘いが島ぐるみで起こった。米軍は沖縄人民党の瀬長亀次郎委員長らを投獄したが、住民は屈しなかった。砂川の農民たちも、このような全国的な基地反対闘争に励まされて闘っていたのだった。

アメリカ政府はしばしば国務省幹部を日本に派遣して、日本政府の土地収用を督促した。グレイハム・パースンズ駐日大使館参事官は連日、福島慎太郎特別調達庁（旧防衛施設庁）長官、安川壮外務省欧米局長らと会議を開き、国務省に報告していた。九月二日の報告では、砂川住民との交渉は完全に行き詰まり、福島は昨日も代表と四、五時間話したが、進展はなかったとし、「だが彼は驚かなかった。滑走路拡張に対する砂川の抵抗は米軍基地に反対する全国の運動と繋がっているからだ」と書いた。（会話覚書、一九五五年八月三〇日、主題：立川その他の基地問題）(1)

政府が支援の労働者・学生七人を警察に逮捕させて起訴したのは、このような全国的な闘いがさらに勢いづくのを恐れたからだった。

しかし、東京地方裁判所は、日米安保条約、米軍駐留を憲法違反と判断し、米軍駐留が違憲であれば刑事特別法も違憲であり、特別に重い刑罰を加えることはできないとして、一九五九年三月三〇日、七人を無罪とした。有名な伊達判決である。（本書24―25頁、182頁に判決文要旨）

裁判所が米軍駐留を憲法違反と判断すれば、米軍は日本から撤退しなければならない。

衝撃をうけたアメリカは、日本政府に対して、高等裁判所を飛ばして最高裁判所に跳躍上告することを勧《すす》め、最高検察首脳会議は四月三日、跳躍上告を決定した。

その背景には、当時のマッカーサー駐日大使が藤山外相との密談で最高裁への跳躍上告を勧め、日本政府はそれに従ったという事実があった。

この事実を明らかにしたのは、国際問題研究家・新原昭治氏である。同氏は、二〇〇八年四月に米公文書館で、一〇通をこえる伊達判決関係の秘密公電を発見した。それによって、マッカーサーが伊達判決翌日の一九五九年三月三一日に当時の藤山愛一郎外相と密かに会い、最高裁に跳躍上告することを勧めたこと、四月二二日には田中耕太郎最高裁長官と密談し、最高裁の審理見通しなどについて情報交換していたことを明らかにした。アメリカが伊達判決を覆すために日本の裁判に干渉していた事実は、日本の政府と世論に大きな衝撃を与えた。

私は新原氏より、砂川事件に関わるこれら一連の秘密解禁文書を含め、以前から長期にわたり米公文書館文書について教示を受けてきた。伊達判決直後の藤山・マッカーサーの密談から、田中とマッカーサーが密談して砂川裁判の日程を語った秘密公電などは新原氏が発見されたものである。新原氏が自らの翻訳を基本に布川玲子氏と推敲した共訳（山梨学院大学『法学論集』六四号）から抜粋して紹介させていただく（それらについては、文末にお二人の名前を記入する）。

砂川裁判大弁論後の田中・マッカーサーの密談を含め、本書で紹介する砂川事件と田中耕太郎に関するその後のアメリカ政府解禁文書は、米公文書館で私が入手したものである。

さて、私が公文書館で発見した秘密公電は、それから八カ月後、最高裁大法廷が九月に大弁論を行ったのを踏まえて、一五人の裁判官が評議をしていた最中のものである。

公電の記述は次の通りである。重要な内容なので全文を紹介する。

◇一九五九年一一月五日、アメリカ大使館・東京から国務長官へ、書簡番号C―二三〇、国務省受信は米東部時間一九五九年一一月二八日午後四時四八分、極秘

同文情報提供：太平洋軍司令官と、フェルト長官と政治顧問に限定、在日米軍司令部とバーンズ将軍に限定

田中最高裁長官との最近の非公式の会談の中で砂川事件について短時間話し合った。長官は、時期はまだ決まっていないが、最高裁が来年の初めまでには判決を出せるようにしたい

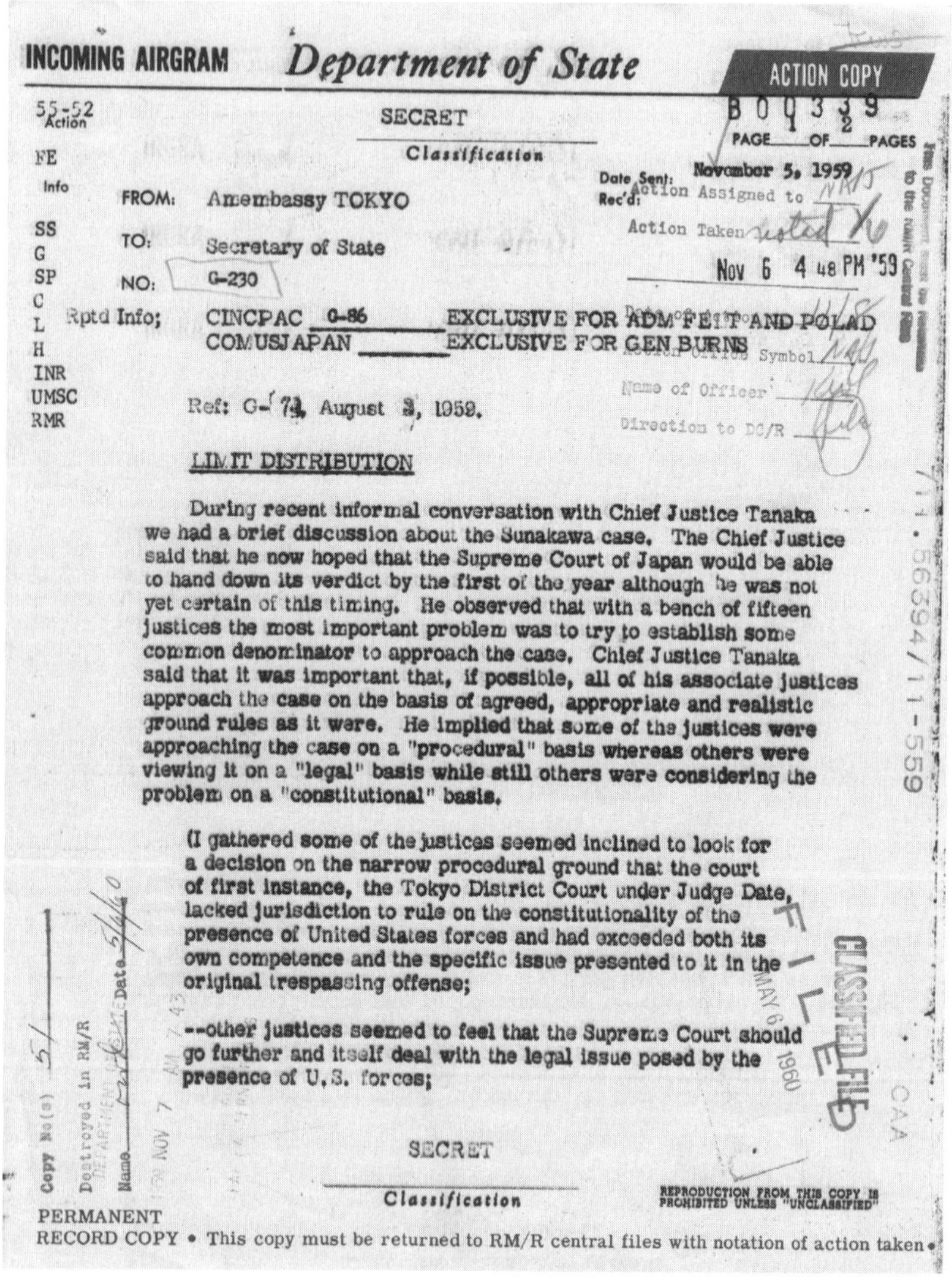
INCOMING AIRGRAM Department of State ACTION COPY

55-52
Action
FE
Info
SS
G
SP
C
L
H
INR
UMSC
RMR

SECRET
Classification

B003339
PAGE 1 OF 2 PAGES

Date Sent: November 5, 1959
Rec'd:

Action Assigned to NA/5
Action Taken Listed 1/6

Nov 6 4 48 PM '59

FROM: Amembassy TOKYO
TO: Secretary of State
NO: G-230

Rptd Info; CINCPAC G-86 EXCLUSIVE FOR ADM FELT AND POLAD
COMUSJAPAN EXCLUSIVE FOR GEN BURNS

Action Office Symbol
Name of Officer
Direction to DC/R

Ref: G-73, August 3, 1959.

LIMIT DISTRIBUTION

During recent informal conversation with Chief Justice Tanaka we had a brief discussion about the Sunakawa case. The Chief Justice said that he now hoped that the Supreme Court of Japan would be able to hand down its verdict by the first of the year although he was not yet certain of this timing. He observed that with a bench of fifteen justices the most important problem was to try to establish some common denominator to approach the case. Chief Justice Tanaka said that it was important that, if possible, all of his associate justices approach the case on the basis of agreed, appropriate and realistic ground rules as it were. He implied that some of the justices were approaching the case on a "procedural" basis whereas others were viewing it on a "legal" basis while still others were considering the problem on a "constitutional" basis.

(I gathered some of the justices seemed inclined to look for a decision on the narrow procedural ground that the court of first instance, the Tokyo District Court under Judge Date, lacked jurisdiction to rule on the constitutionality of the presence of United States forces and had exceeded both its own competence and the specific issue presented to it in the original trespassing offense;

--other justices seemed to feel that the Supreme Court should go further and itself deal with the legal issue posed by the presence of U.S. forces;

711.56394/11-559

FILE

CLASSIFIED FILE

MAY 6 1960

CAA

Copy No(s) 51
Destroyed in RM/R
Name Date

SECRET
Classification

REPRODUCTION FROM THIS COPY IS PROHIBITED UNLESS "UNCLASSIFIED"

PERMANENT
RECORD COPY • This copy must be returned to RM/R central files with notation of action taken •

砂川事件について、田中耕太郎・最高裁長官から最高裁での評議の内容を聞き出し、国務長官に報告したマッカーサー駐日大使の極秘公電（最初のページ）。

と言った。彼は、一五人の裁判官全員について最も重要な問題は、この事件に取り組むさいの共通の土俵をつくることだと見ていた。できれば、裁判官全員が一致して適切で現実的な基盤に立って事件にとりくむことが重要だと田中長官は述べた。裁判官の幾人かは「手続き上」の観点から事件に接近しているが、他の裁判官は「法律上」の観点から見ており、また他の裁判官は「憲法上」の観点から問題を考えている、ということを長官は示唆した。

（裁判官のうち何人かは、伊達判事を裁判長とする第一審の東京地裁には、合衆国軍隊駐留の合憲性について裁定する権限はなく、自己の権限と、もともと［基地への］不法侵入という事件について地裁に提起された特有の争点を逸脱しているという、狭い手続き上の理由に結論を求めようとしていることが私にはわかった。

他の裁判官は、最高裁はさらに進んで、米軍駐留により提起されている法律問題それ自体に取り組むべきだと思っているようである。

また、他の裁判官は、日本国憲法のもとで、条約は憲法より優位にあるかどうかという大きな憲法上の問題に取り組むことを望んでいるのかもしれない。）

田中最高裁長官は、下級審の判決が支持されると思っているという様子は見せなかった。反対に、彼は、それは覆されるだろうが、重要なのは一五人のうちのできるだけ多くの裁判官が憲法問題に関わって裁定することだと考えているという印象だった。こうした憲法問題に、［下級審の］伊達判事が判決を下すのはまったく誤っていたのだ、と彼は述べた。

マッカーサー（2）

日本は憲法第九条で、戦争を永久に放棄し、いっさいの軍備をもたないと決めている。この憲法をつくるうえで大きな役割を果たしたのはアメリカだった。しかし、アメリカは日本国憲法公布から間もなくして、憲法第九条を破って米軍を日本に居すわらせた。したがって、駐留米軍の存在は憲法違反となる。この当然の道理に立って判決したのが、一九五九年三月三〇日の砂川事件東京地裁判決である。伊達秋雄裁判長の名前をとって「伊達判決」といわれる。

判決は米軍駐留について次のように判示した。

【砂川事件東京地裁判決】一九五九年三月三〇日、日米安保条約第三条に基づく行政協定に伴う刑事特別法違反事件

［憲法第九条は］単に消極的に諸外国に対して、従来のわが国の軍国主義的、侵略主義的政策についての反省の実を示さんとするに止まらず、正義と秩序を基調とする世界永遠の平和を実現するための先駆たらんとする高遠な理想と悲壮な決意を示すものといわなければならない。従って憲法第九条の解釈は、かような憲法の理念を十分考慮した上で為されるべきで

あって、単に文言の形式的、概念的把握に止まってはならないばかりでなく、合衆国軍隊のわが国への駐留は、平和条約が発効し連合国の占領軍が撤収した後の軍備なき真空状態からわが国の安全と生存を維持するため必要であり、自衛上やむを得ないとする政策論によって左右されてはならないことは当然である。（中略）

このような実質を有する合衆国軍隊がわが国内に駐留するのは、勿論アメリカ合衆国の一方的な意思決定に基づくものではなく、前述のようにわが国政府の要請と、合衆国政府の承諾という意思の合致があったからであって、従って合衆国軍隊の駐留は一面わが国政府の行為によるものということを妨げない。蓋《けだ》し合衆国軍隊の駐留は、わが国の要請とそれに対する施設、区域の提供、費用の分担その他の協力があって始めて可能となるものであるからである。かようなことを実質的に考察するとき、わが国が外部からの武力攻撃に対する自衛に使用する目的で合衆国軍隊の駐留を許容していることは、指揮権の有無、合衆国軍隊の出動義務の有無に拘らず、日本国憲法第九条第二項前段によって禁止されている陸海空軍その他の戦力の保持に該当するものといわざるを得ず、結局わが国内に駐留する合衆国軍隊は憲法上その存在を許すべからざるものといわざるを得ないのである。（『下級裁判所刑事裁判判例集』一九五九年度第一巻第三号七七六～七八三頁）

最高裁に託したアメリカの狙い

マッカーサーが最高裁裁への跳躍上告を藤山に勧めたのは、第一にはできるだけ早く伊達判決を覆すためだった。と同時に、この機会を利用して、最高裁が米軍駐留を合憲とする判決を出せば、日本に広く存在する安保反対の声を抑え込むのにも役立つという思惑があった。

こうしたアメリカの意図を正確に理解するためには、伊達判決の時点に立ち返って、この判決後、アメリカ大使館がどのような動きをしてきたかを見る必要がある。

まず、五九年三月三〇日の伊達判決に大使館がどのように対応したかである。マッカーサーは伊達判決翌々日の国務長官あて秘密公電で、同判決に対する日本国内の反響や影響を報告し、その末尾にコメントをつけて次のように述べている。ここには、田中長官指揮下の最高裁大法廷に託したアメリカの狙いが早くも表明されていた。

(国務省とあわせ太平洋軍司令部、同司令官などへの同文の情報提供が在日米軍基地に関する多くの公電や書簡で行われているが、簡略化のため、この後の紹介では原則として省略する。)

◇一九五九年四月一日午後八時、マッカーサーから国務長官へ、公電番号一九七八、部外秘

（注釈のみ抜粋紹介）

注釈：東京地裁判決の反響を全面的に予測するのはまだ早すぎる。さしあたっての一応の推測としては、いうまでもなく社会党は、当面次の選挙戦に向けてこの問題を最大限に活用することが予想される。同時に、長期的には政府が確信をもって予測しているように、最高裁の最終判決が伊達判決を明確な論法で覆すなら、国民的論議や法律的論議の最終的結末は、米日防衛取り決めのための特別な罰則規定を含めて、自衛のため適切な措置をとる権利を日本が持っていることを健全なやり方で明確化するものとなろう。［新原・布川訳］。（傍線は筆者）（3）

このような意図をもってマッカーサーは、最高裁に米軍駐留合憲判決を出させるべく全力をあげたのである。それにしても、最高裁長官が法を犯してまで、極秘の裁判官会議の内容を漏らすといったことがどうして起きたのか。

実は最初に紹介した電文にあった一九五九年一一月五日の田中長官との密会は、マッカーサーを先頭にアメリカ大使館が系統的に続けてきた対最高裁工作の最終的な仕上げだった。そこには、駐日大使館による田中耕太郎に関する情報収集と、さらにそれ以前からの長期にわたるアメリカ政府による系統的な働きかけがあった。

田中耕太郎に対するアメリカ政府の情報収集や働きかけを示すアメリカ政府の秘密解禁文書は後で紹介することにして、最初に伊達判決後に、マッカーサー大使をはじめ駐日米大使館がどのような働きかけをしていたかをみよう。

まず、伊達判決について大使館の衝撃の第一報である。

◆一九五九年三月三〇日午後八時、大使館から国務長官へ、公電番号一九六八、部外秘

伊達秋雄を裁判長裁判官とする東京地方裁判所法廷は本日、日本が日本防衛の目的で米軍の日本駐留を許している行為は「憲法第九条第二項で禁じられている陸海空軍その他の戦力保持の範疇に入るもので、日米安保条約と日米行政協定の国際的妥当性がどうであれ、国内法のもとにおいては米軍の駐留は――憲法に違反している」と宣言した。［新原・布川共訳］（4）

この伊達判決を受けて、マッカーサー大使はただちに翌三月三一日から行動を起こす。

◆一九五九年三月三一日午後二時、マッカーサーから国務長官へ、公電番号一九六九、極秘

今朝八時に藤山〔愛一郎＝外務大臣〕と会い、米軍の駐留と基地を日本国憲法違反とした東京地裁判決について話し合った。私は、日本政府が迅速な行動をとり東京地裁判決を正すことの重要性を強調した。（中略）私は、もし自分の理解が正しいなら、日本政府が直接最高裁に上告することが、非常に重要だと個人的には感じている。というのは、社会党や左翼勢力が上級裁判所〔東京高裁〕の判決を最終のものと受け入れることは決してなく、高裁への訴えは最高裁が最終判断を示すまで論議の時間を長引かせるだけのこととなろう。これは、左翼勢力や中立主義者らを益するだけであろうと述べた。

藤山は、全面的に同意すると述べた。完全に確実とは言えないが、藤山は、日本政府当局が最高裁に跳躍上告することはできるはずだ、との考えであった。藤山は、今朝九時に開かれる閣議でこの上告を承認するように促したいと語った。〔新原・布川訳〕（5）

それから三週間後、最高裁が跳躍上告の提出期限を六月一五日と決めたことが、マッカーサーに伝えられる。

◆一九五九年四月二四日午後四時、マッカーサーから国務長官へ、公電番号二二〇〇、秘密

最高裁は四月二二日、最高検察庁〔原文は、SUPREME PROCURATOR であるが、判例集で確認する限り、実際の上告趣意書の提出者は、東京地方検察庁検事正野村佐太男である。（最大判昭和三四年一二月一六日刑集第一三巻一三号三二二五頁）」による砂川事件の東京地裁判決上告趣意書の提出期限を六月一五日に設定した。（中略）

内密の話し合い［原文は、PRIVATE CONVERSATION］で本件の裁判長裁判官田中［耕太郎＝最高裁長官］は、大使に本件には優先権が与えられているが、日本の手続きでは審理が始まったあと判決に到達するまでに、少なくとも数カ月かかると語った。［新原・布川訳］（6）

このように日本政府、最高裁と連絡をとりあう一方、マッカーサーは田中耕太郎最高裁長官に関する情報を精力的に収集し、国務長官に報告した。まずマッカーサーを安心させたのは、田中が高裁、地裁、家裁の判事たちを集めた会議で「左翼」に対する敵意をむき出しにしたことだった。

田中長官はそれまでにも、「法廷秩序の維持」と称して、裁判官による訴訟指揮を絶対化する発言を繰り返していた。砂川裁判の弁護団が五九年六月二四日に田中耕太郎裁判長忌避の申し立てをしたのも、こうした危険な体質をもつ田中裁判長のもとでは米軍駐留に対しても公正な判断はとうてい望めないと見たからであった。しかしマッカーサーは逆に、そんな田中を心強く思っている。

◆一九五九年六月一日、マッカーサーから国務長官へ、公電番号G―六四五、秘密

田中最高裁長官は五月二五日、無責任で不合理な批判によって、世論に裁判所を誤解させ裁判を妨害しようとしている集団を激しく非難した。田中は高裁、地裁、家裁の裁判官が出席した会同で挨拶した。（中略）

注釈：田中のスピーチは公式行事でのものだが、裁判所の判決に影響を与えようと働きかけ、裁判制度への世論の信頼を傷つけようと、このところ動きを強めている左翼に対する注意をよびかけたものである。田中の勇気ある、タイムリーな発言は、日本の裁判を国の民主制度の土台として、司法を強化・改善する努力を続けている中で最も新しいものだ。（7）

マッカーサーをさらに勇気づけたのは、田中が松川事件で被告人有罪の原判決を支持したことだった。最高裁はこの年八月一〇日に仙台高裁の有罪判決を破棄し、事件を高裁に差し戻したが、田中裁判長は高裁の死刑を含む有罪判決を支持した少数意見だった。

この松川事件というのは、一九四九年八月一七日、東北本線の金谷川・松川間で列車が脱線・転覆した事件である。当時、高揚していた労働運動を切り崩すための謀略によって引き起こされたといわれている。列車転覆の容疑により、国鉄労組役員らが死刑を含む判決を受けたが、証拠

はなく、最終的に全員が冤罪であったことが明らかになった。

◆一九五九年八月一〇日、マッカーサーから国務長官へ、公電番号G―八三、部外秘

最高裁は、「歴史的決定」とされる判決で、松川事件の仙台高裁判決を、非現実的であり、多くが数年で変わる自白によっているとして、再審を命じた。（中略）最高裁判決は、無罪判決を要求する横断幕をかかげて最高裁前に集まっていた代表的な左翼集団の騒々しいデモの真っただ中で下された。（中略）田中耕太郎最高裁長官は、次のように、仙台高裁判決を理由あるものとした少数意見に加わった。(1)多数意見は法律上の細部にとらわれ、広い視野を欠いている。(2)元の証拠を採用した仙台高裁は最高裁より妥当性ある判断を下すより優れた立場にある。(3)共謀罪を支持する十分な証拠がある。（8）

この裁判で有罪判決を支持した田中の態度に、マッカーサーは安心した。そのことは、この冤罪事件を厳しく批判してきた国民世論に対して、「運動で砂川裁判の成功をねらっている」と彼が田中耕太郎と同じ口調で世論や運動を非難したことに示される。（9）

一九五九年一二月一六日、最高裁大法廷は、砂川事件の裁判において、米軍駐留は合憲とする

判決を下した。一五人全員の裁判官が米軍駐留は違憲ではない、とした。

マッカーサーは、田中が来年初めまでに判決を出したいと言ったと国務長官に報告していたが、大法廷は年内に判決を出した。岸首相がワシントンでハーター米国務長官と新安保条約、米軍地位協定に調印したのは、翌六〇年一月一九日、最高裁判決の一カ月後だった。

判決は、米軍の駐留が「違憲無効であることが一見極めて明白であるとは、とうてい認められない」とした。その論拠としたのは、憲法第九条第二項が禁止する「戦力」の中には、日本政府に指揮権、管理権のない外国軍隊は含まないというものであった。

【最高裁砂川事件大法廷判決】一九五九年一二月一六日、「安保条約第三条に基づく行政協定に伴う刑事特別法違反被告事件」

〔憲法第九条第二項〕がその保持を禁止した戦力とは、わが国がその主体となってこれに指揮権、管理権を行使し得る戦力をいうものであり、結局わが国自体の戦力を指し、外国の軍隊は、たとえそれがわが国に駐留するとしても、ここにいう戦力には該当しないと解すべきである。（最高裁判所刑事判例集第一三巻第一三号三二二三頁）

田中耕太郎を最大限に称讃

最高裁砂川判決はまた、日米安保条約に関しては、「純司法的機能をその使命とする司法裁判所の審査には、原則としてなじまない性質のものである」として、「裁判所の司法審査権の範囲外のもの」とした（同前三二三四―三二三五頁）。一方で、米軍駐留については一五人の裁判官全員が一致して合憲判決だった。

我妻栄東京大学法学部教授は、最高裁砂川判決一年後の雑誌で次のように指摘した。

我妻栄「最高裁判所に望む」

現在のように、政府が［最高裁判事を］指名する制度の下では、多かれ少なかれ、政治的な配慮が伴うことを避けえない。そして、そのことはまた、長官の個人的な思想や才能に不当に大きな影響力を認める国民感情に拍車をかける。同時にまた、長官以外の裁判官の任命を不当に安易に行わせることになる。（『世界』一九六一年一月号岩波書店三七頁）

最高裁砂川判決の当日、マッカーサーは国務長官にあてた秘密公電で、判決の骨子を報告し、末尾につけたコメントで次のように述べた。

◇一九五九年一二月一六日午後六時、マッカーサーから国務長官へ、公電番号一九〇九、秘密

注釈：この判決は、いま進めている安保条約改定交渉に関してだけでなく、日本の防衛力の引き続く発展にとっても極めて重要である。責任をもって見ている人はいずれも、この判決が、一五人の裁判官全員が憲法九条に関して一致して結論を出したものであるという事実を日本の司法の画期的出来事と考えている。(10)

そして翌日の公電では、マッカーサーは田中最高裁長官の「手腕と政治的資質」を最大限に称賛した。

◇一九五九年一二月一七日午後六時、マッカーサーから国務長官へ、公電番号一九二一、秘密

最高裁大法廷判決が全員一致で判決を下したことは、多くが田中最高裁長官の手腕と政治的資質によるものであり、判決と法廷におけるその賢明な指導力は、彼が八月に計画した予定をこえて審理を引き延ばそうとした弁護団法律家たちの大がかりな取り組みを抑え込むことに成功しただけでなく、最後には一五人の裁判官による責任ある全員一致の判決をもたらした。本件での長官の貢献は日本の憲法の発展ばかりか、日本を自由世界に組み込むうえで画期となるものである。(11)

アメリカ政府は、一九六〇年の安保改定後、安保条約と米軍基地に反対する日本の世論の強さを踏まえながらも、基地強化のための方策の検討を始めた。マッカーサー駐日大使は、同年一〇月四日に国務省に提出した報告書で、在日米軍基地と日本国憲法との関係について、「大使館が見るところ、在日米軍基地はアメリカの安全保障に掛け値なしに有利であり、すでに計画されている以上の施設を返還する政治的必要はない」(傍線、筆者)と強調した。

さらに、最高裁の差し戻し判決により、東京地裁が米軍駐留合憲判決を下したことをうけて、マッカーサーは砂川事件の最高裁判決の意義を改めて強調した。

◆一九六〇年一〇月四日、東京・米大使館から国務省へ、書簡番号三九一、極秘

米軍基地の合憲性。一九五九年三月三〇日の砂川事件東京地裁判決により引き起こされた米軍基地に対する脅威は、一九五九年一二月一六日の全員一致による最高裁判決によって除去された。それは下級審の判決を拒否し、日本における米軍駐留の合憲性を確定した。最

高裁は再審を命じ、それは一九六〇年七月七日に異なる裁判官により東京地裁で行われたが、問題の法律争点は最高裁によって明確に解決され、日本国内での米国軍隊の地位にはもはや疑問の余地がない。（傍線、筆者）(12)

いかにして田中長官との関係を築いたか

最高裁は「一切の法律、命令、規則又は処分が憲法に適合するかしないかを決定する権限を有する終審裁判所である」（憲法第八一条）。この最高裁の長官と、アメリカのマッカーサー駐日大使は密会を重ね、大法廷評議の内情を語らせるほどの深い関係を築くことができた。どうしてそのようなことができたのか。そこには、アメリカ政府による長期にわたる働きかけの歴史があった。

田中は、東京帝国大学を卒業して内務省に入ったあと、東大大学院で商法を研究、一九二三年に東大教授となり、戦後は吉田内閣の文部大臣（一九四六年）、参議院議員（四七年、緑風会）を歴任、一九五〇年二月二八日に吉田首相により最高裁長官に任命された。

田中耕太郎も他の日本の法学者と同じく、憲法制定直後は第九条の熱烈な賛同者であり、支持者であった。

一九四六年七月一五日、田中耕太郎文部大臣、衆議院帝国憲法改正委員会

国際政治に於きまして、不正義を此の儘《まま》認容すると云う風な、道義的の感覚を日本人が失ふと云ふことになっても困るではないかと云うやうなことも考えられます。併しながら決してそれはさうではない、不正義な世の中に永く続くものではない、剣を以て立つ者は剣にて滅ぶと云う千古の真理に付て、我々は確信を抱くものであります。さう云ふ場合に於ては、輿論《よろん》の力が今後は国際政治に於きましても益々盛んになることでありますし、又或は仮に日本が不正義の力に依って侵略されるやうな場合があっても、併しそれに対して抵抗することに依って、我々が被《こうむ》る所の莫大なる損害を考へて見まするど、まだまだ日本の将来の為に此の方を選ぶべきではないか、併し世界歴史的の大きな目を以て考えて見ますと、世界歴史は世界審判だと云うことを申します。大きな目を以て考えますと、戦争放棄と云うことも決して不正義に対して負ける、不正義を認容すると云う意味を持って居ないと思ふのであります。

(『帝国憲法改正審議録・戦争放棄編』参議院事務局編、新日本法規出版一九五二年一五六頁、傍線、筆者)

田中耕太郎が最高裁長官に就任したとき、アメリカはすでに平和条約後の米軍駐留存続に動い

ていた。極東米軍司令部は、平和条約発行後の米軍駐留が、戦争放棄、戦力不保持を定めた日本国憲法と相いれないことを知っていた。同司令部は田中が一九五〇年三月三日に最高裁長官に就任した当時から彼の動向を注視しており、一九五〇年三月四日の極秘公電で、田中の最高裁長官就任を「情勢の重要な変化」の一つとして、陸軍省情報参謀部に報告した。(13)

それに先立ち、駐日大使館は田中が就任したその日に、田中に関する情報を文書にして関係方面に通報した。

◆一九五〇年三月三日、駐日米大使館政治顧問室秘書文書、主題：田中耕太郎最高裁長官、秘密

彼の政治的見解は保守的である。彼は吉田首相とよい関係にあるとしても、どの政党にも深入りはしてこなかった。[最高裁長官]任命はプレスから暖かく迎えられている。彼は日本の司法組織を強化し、それを行政や立法と対等の部門にするのに貢献すると思われる。(14)

◆一九五〇年三月一一日　ヒューストン駐日米大使館公使から国務省へ、主題：田中耕太郎の最高裁長官任命、書簡番号三三七、秘密

内閣が田中を選んだのは、吉田首相の推薦によるとされている。首相は他の候補だった真

野毅最高裁判事より田中を好んだ。(15)

◆一九五一年一月六日、極東米軍司令部から陸軍省へ、G2（参謀第二部）経由米空軍へ、公電番号CX五二八一七、主題：日本、極秘

――保守党指導者は新年の声明で国防の必要性を強調している。田中最高裁長官は民主主義防衛のためなら戦争も正当化されると述べている。(16)

最高裁長官の人選は、最終的に現職の最高裁判事だった真野毅と田中耕太郎の二人にしぼられたが、吉田が田中を選んだのは「反共理論家であることが有力な要素となった」(毎日新聞一九五〇年二月二八日)。真野毅は後日、最高裁砂川裁判弁護団の一人として伊達判決支持の論陣を張った。

田中は一九五一年一月一日付毎日新聞の芦田均、安倍能成との鼎談に最高裁長官の肩書で出席し、「現実の問題としては単独講和もやむを得ないという方向に赴きつつある」「鉄のカーテン群の侵略に対しては戦わなければならない」と述べ、ソ連などに敵対する、アメリカなどとの単独講和賛成の立場を明らかにした。

それより半年前、五〇年六月、朝鮮戦争が勃発した。アメリカを主体とする「国連軍」が韓国軍をささえ、建国（四九年一〇月）まもない中国（中華人民共和国）が北朝鮮と共に戦った。「国連軍」の総指揮はマッカーサー総司令官がとった。

一九五一年一〜二月のダレス国務省顧問の訪日を受けて、日米両国政府は米軍駐留・基地存続を前提にした平和条約・安保条約締結にむけ具体的に動き出した。アメリカとしては、主権を取り戻した日本が同盟国となって、アメリカが主導する陣営につらなるように動いたのである。

田中耕太郎は五一年四月、トルーマン大統領により罷免されて離日するマッカーサー占領軍総司令官へのメッセージで、「閣下の偉大な業績が残したものは史上にもまれなものであり、いまや講和条約調印で飾られようとしています」と述べた。日本国内では、日本国憲法を遵守し、ソ連、中国を含むすべての諸国と結ぶ全面講和か、米軍駐留を前提とした片面講和かの論争が始まっていた。

米国務省は田中のそうした立場を『法曹時報』（法曹会発行）の論文でも確認した（五三年一月二九日、国務省へ書簡、秘密）(17)。同誌五三年一月号で田中は最高裁長官の肩書で、共産主義について「我々はこの種の勢力の基礎をなしている哲学、世界観、政治理論を具《つぶ》さに検討し、適切な根本的対策を講ずることを怠ってはならない」と述べた。極東米軍司令部がこの田中論文について陸軍省に報告した極秘公電につけたコメントは、米軍当局が論文を田中最高裁長官による安保条約支持のメッセージと受けとったことを示している。

◆一九五一年五月四日、極東米軍司令部から陸軍省へ、公電番号CX六一七〇九、極秘

憲法施行四周年の五月三日、主要政治指導者の演説の中で、吉田首相は日本が主権を回復するため交渉を始めると述べた。田中最高裁長官は「真実と虚偽、正義と不正義、寛容と専制の間に中立はない」と強調した。

注釈：両スピーチは早期の平和条約締結についてかなり夢中になっていることを示している。(18)

アメリカ政府は田中最高裁長官と直接、接触する機会をつくった。ロックフェラー財団は日本の最高裁に法律書を寄贈すると決定し、これに対して最高裁はアリソン駐日大使を贈呈式に招待した。同財団管理人のジョン・ロックフェラーは、アリソンとともに、米外交政策協会や太平洋問題調査会のメンバーで、一九五一年一〜二月のダレス訪日団に参加した。アリソンはラスク極東問題担当国務次官補の副顧問として対日平和条約交渉ではダレスの補佐官を務めた。ロックフェラー財団総裁として日本の最高裁への図書寄贈を推進したラスクは、一九五二年一―二月には米国務次官補として岡崎外相と日米行政協定を交渉し調印した日米安保条約・行政協定締結の

中心人物である。日米安保条約・行政協定締結に重要な役割を担った政治家が総出で、駐日大使が田中最高裁長官と接触する機会を作ったのであった。

◇一九五六年六月七日午後六時、アリソン駐日大使からダレス国務長官への手紙、公電番号二八四五、部外秘

私はロックフェラー財団による三九九五冊の法律書贈呈式のために、田中最高裁長官から招待を受けている。田中は六月一三日、一八日、二〇日のいずれか、私の都合のよい日に贈呈式と記者会見をしたいと言っている。(19)

◇一九五六年六月二一日、ロバートソン国務次官補からラスク・ロックフェラー財団総裁への手紙

ジョン・アリソンは、日本の最高裁へのロックフェラー財団寄贈書贈呈式のため田中耕太郎最高裁長官の招待を受けたいと考えている。六月一八日の贈呈式で挨拶する文章を提案してくださり、彼は喜びました。(20)

このようにアメリカは、マッカーサー駐日大使の就任以前から、田中耕太郎最高裁長官の言動にずっと注目し、働きかけていた。その〝成果〟として、マッカーサーは五九年一二月の最高裁判決を得たというわけである。

法学者の見解は

最高裁砂川判決が、米軍基地に対する日本国民の批判を抑え込むうえで大きな役割を演じたことは疑いない。しかし、それによって、米軍基地の合憲性が確定したなどと言うのは、全く事実に反したマッカーサーの独断にすぎなかった。

最高裁砂川判決は、多くの著名な憲法、民法、国際法をはじめ大多数の法学者に受け入れられていない。米軍駐留は依然として、今も憲法違反とみられている。

清宮四郎『憲法1』法律学全集3　一九七九年六月三〇日有斐閣一一八頁

日本の指揮下にない外国の戦力であっても、米駐留軍のように、それが同時に、条約により、日本の意志にもとづいて駐留している戦力であるとすると、憲法上の問題が起こらないとはいえまい。アメリカと不平等の立場に立って、日本が受動的に締結した旧安保条約（昭和二六年条約第六号）のもとでも問題になったが、独立・対等の立場に立って締結した新安保条約（昭和三五年条約第六号)のもとでは、問題はさらに浮きぼりにされて現われている。

橋本公亘『憲法』現代法律学全集2〔改訂版〕一九七六年四月二〇日第一刷・青林書院四〇二頁

第九条第二項が禁止した戦力はわが国自体の戦力のみをさすとする見解には、疑問がある。(中略)たとえば、わが国の安全と何らの関係のない、ヴェトナム戦争を遂行するために、外国軍隊がわが国内基地を利用するというようなことであるならば、かかる軍隊の駐留を容認するわが国政府の行為は、憲法に違反するといわなければなるまい。

我妻榮『法学概論』法律学全集2一九七四年六月三〇日有斐閣六六頁

〔安保〕条約について最も問題とされたのは、駐留軍は「極東における国際の平和と安全を維持する」目的の下に行動しうるから、極東といっても日本とは直接関係のない戦争のためにわが国土を作戦行動に使用しうるという点であった。なおまた、この条約では、アメリカが日本を防衛する義務があることを明言していない(片務的条約)。もっとも、それは、憲法の規定で戦争を放棄している日本とは「相互援助」協定はできないからだと説明された。国会の審議では、この二点について質疑応答がくり返されたが、国民の中の条約反対論もこれを重要な根拠とした。条約の字句を問題としたのではない。かような条約そのものが、わが国をアメリカの戦略に従属させ、憲法の戦争放棄条項を空文化することをおそれたのであった。

高野雄一「憲法第九条―国際法的にみた戦争放棄条項」『日本国憲法体系』第二巻総論(Ⅱ)一九六五年三月一〇日初版・有斐閣一六〇頁

最高裁で破棄された砂川事件の第一審判決(いわゆる伊達判決)が……「安保条約が(国連と無関係に―著者[高野])極東の平和と安全の維持のためという米軍の広範囲な出動を認めている」ことは憲法の精神に反するといっているのは、その限りで問題の核心にふれているというべきである。(中略)

右の条項[安保条約第六条]では、依然として日本及びアメリカを共に脅かす武力攻撃に対する反撃(憲章上の自衛行動)にとどまらず、日本と極東の平和維持に関して、国連との関係を無視して、日米の協議だけで、在日アメリカ軍の直接行動が可能とされている。これは、今日存する数多くの軍事協定にも例のない規定である。

このように米軍駐留と基地の存在は法学界においても憲法違反とする学説が圧倒的なのであって、米国務省が考え出した最高裁砂川判決による合理化論は、わが国の法学界においても少数派にすぎない。

ところで、実は、米軍の戦力は憲法が禁止する「戦力」ではないから日本政府がその駐留を認めても憲法違反ではないとするこの論法は、日本の法学者が言いだしたものではない。それはアメリカ国務省の理論家が考え出したものである。舞台をアメリカに移して見てみよう。

2　アメリカが生みだした「九条解釈」

J・ハワードによる米軍基地「合憲」化論

一九四九年末から五〇年初めにかけて、米国務省内部では平和条約発効後の、日本国内の米軍基地維持論が急速に強まっていった。しかし、「独立」回復後も米軍が駐留しつづけることは日本国憲法に違反する。この事実が、国務省の当局者を最も悩ませた問題の一つだった（ポツダム宣言には、第一二条に「責任ある政府が樹立せらるるに於ては、聯合国の占領軍は、直《ただち》に日本国より撤収せらるべし」とあった）。

米ソの冷戦が激化する中でアメリカの対日政策は大きく転換した。一九四八年一月にロイヤル陸軍長官は「日本を共産主義の防壁に」と演説したが、国防総省や統合参謀本部などは対日平和条約の早期締結には反対していた。陸軍省を通じての対日支配の命令権を放棄したくないという思惑もあったが、ポツダム宣言、日本国憲法によれば、平和条約により日本が独立を回復すれば、米軍を日本から撤退させなければならないからである。

一九四九年後半には、アメリカにとって二つの衝撃的なことが起きた。九月二五日のソ連による原爆保有宣言と一〇月一日の中華人民共和国の成立である。中国革命が進展する中で中国人民解放軍は同年四月には揚子江をこえ南京を占領した。対日平和条約担当のバターワース極東担当国務次官補は同年六月二二日、機秘文書「アメリカの安全の必要と現在の日本の戦略的評価」で、基地存続のアメリカの権利を排除するような平和条約は統合参謀本部が認めないとアチソン国務長官に伝えた。(21)

一九四九年一一月二日、国務省でバブコック（マッカーサー・スタッフ）、バターワース（極東担当国務次官補）、アリソン（北東アジア局）、ハワード（国務長官特別補佐官）らが出席して会議が開かれた。マッカーサー総司令官に反対されたのでは、米軍駐留を前提とする平和条約を締結することはできなかったからである。ロバート・フィアリー北東アジア局長が会議の記録として作成した「対日平和条約に関するマッカーサー総司令官の見解」と題する極秘覚書によると、マッカーサー総司令官は大国により保障された非武装中立があらゆる点から見て日本の好ましいケースであると考えていることが確認された。しかしマッカーサーは、一方では、日本は新憲法で武装する権利を放棄したので、連合国が日本にその立場を放棄させる条約を要求したり提案したりするのは好ましいことではないが、アメリカは日本に海軍と空軍の基地を保持する必要があると考えていると指摘された。(22)

アメリカと韓国は一九五〇年一月二六日に軍事協定に調印した。北朝鮮では人民軍が軍備増強を進めているという情報がG2(参謀第二部・情報担当)を通じてマッカーサーのもとに続々と入っていた(KLO[朝鮮連絡事務所]報告「北朝鮮の侵略前軍備増強」、マッカーサー記念館)。(23)

平和条約発効後の日本について、米軍駐留・基地存続の正当化をはかることが緊急に必要になり、国務省はそのための作業を始めた。

戦争放棄、戦力不保持を定めた日本国憲法と、そのもとで米軍の駐留を両立させるという課題に精力的に取り組んだのは、国務省きっての理論家で国際法学者のジョン・B・ハワード国務長官特別補佐官であった。米公文書館には、「JBハワード」と名づけられたファイルをはじめさまざまのファイルに大量のハワード文書が保管されている。

ハワードは一九四九年一一月四日、「日本の武装力復活に関する覚書要旨」と題する機密文書をバターワースに送り、その中で「ここでは次のことが想定されるべきであり、国防総省は恐らくこの見解を支持すると思われる」として、次の二点を述べた。すなわち、(a) もしアメリカの安全が適切に確保されるなら、対日平和条約は積極的に結ばれるべきである。(b) アメリカの安全は軍事基地に駐留するために日本に米軍を維持する必要があり、その取り決めは平和条約に記され、日米間の別の二国間協定で定められる。(24)

さらにハワードはそれから一カ月後、一二月一四日付の機密文書「対日平和条約に関する代わりの行動指針」で、米軍基地を維持するための選択肢として、①平和条約による承認、②占領軍当局の継続、③占領軍の地位を変更しない平和条約、④国連総会の承認、という四つの案をあげてそれぞれの法的問題を検討した。しかし、結局いずれも不可能だと判断せざるをえなかった。(25)

翌五〇年一月三日、ハワードは「対日平和条約に関する行動勧告」と題する極秘報告書で、「太平洋地域におけるアメリカの支配を維持」するために平和条約後の米軍駐留が必要であると強調した。しかし、これも日本国憲法との整合性には言及できなかった。(26)

ハワードは、それから一カ月後の二月一日付「対日安全保障協定に関する会議」と題するラスク国務次官補あて書簡では、太平洋地域の集団防衛協定への限定的参加なら「日本国憲法が定める武力放棄の目的と一致する」と述べている。しかし、これは日本の再軍備を前提としており、憲法九条に違反するばかりか、太平洋地域の諸国の賛成も得られそうになかった。(27)

そして、さらに一カ月後の一九五〇年三月三日、ハワードは、日本が憲法で放棄したのは「日本の戦力」であって、条約などにより日本に維持される「アメリカの戦力」ではないとする解釈を打ち出す。「軍事制裁への日本の貢献に対する戦争放棄の影響」と題する報告書の中だった。

この報告書でハワードは、マッカーサー総司令官がこの年の新年メッセージで「日本国憲法による戦争と軍備の放棄は日本国の持つ自衛権を放棄したものと解釈されるべきでない」と述べ、また吉田首相もこの年二月二三日に国会で憲法の戦争放棄は自衛権の放棄を意味しないと表明したと紹介した。そして、憲法第九条全文を引用したうえで、中立なしに戦争放棄を保障する方策として、平和条約下の在日基地、国連の安全保障制度、太平洋地域の安全保障協定、そして最後に四番目として米日二国間軍事協定を検討し、「結論」として次のように述べた。(傍線、筆者)

◇一九五〇年三月三日、ジョン・ハワード、主題：軍事制裁に対する日本の戦争放棄の影響、極秘

結論

占領終了後の安全保障協定に関して、そして、今後考えられる［日本の］国連加入に関して、次のような憲法解釈を日本が採用するか、さもなければ憲法を改正しなければならない。日本が平和条約に調印した後に、国連憲章第四三条であれ、地域的防衛協定であれ、あるいはアメリカとの二国間防衛協定であれ、侵略に対して軍事的制裁を加える目的で、緊急事態であれ継続的であれ、日本国以外の国により維持され使用される軍事基地を日本に可能にするのは、憲法の範囲内であり、日本が軍隊または「戦力」の保持を求めたことにはならず、国権の発動たる戦争と武力による威嚇又は武力の行使による軍事制裁に関与したことにもならない。

そのような憲法解釈には次のことが含まれる。すなわち、日本が保有しないという「戦力」とは日本の戦力であって、占領中の連合国によるものか、平和条約にもとづくものか、あるいは日本国との協定にもとづく、国連または地域的な防衛協定、あるいはアメリカとの協定により保持される戦力ではない。（傍線、筆者）(28)

ハワードのこの論理立ては実に巧妙につくられている。

ハワードは、論文の表題にもあるように、憲法で非武装になった日本は侵略者に対する軍事制裁はできないが、では侵略されたらどうするのかという問題を設定する。そのうえで、侵略に対して軍事制裁を加える目的で日本に軍事基地を可能にする方法として、(1)国連憲章第四三条、(2)地域的防衛協定、(3)アメリカとの二国間防衛協定の三つをあげる。

これは、日米二国間の軍事協定による軍事基地の設置をあたかも国連憲章にもとづくものであるかのように見せかけるトリックである。(1)国連憲章第四三条は、国連安全保障理事会が憲章第四二条により侵略に対する軍事政策を決議した場合に、兵力などの提供について安保理が加盟国と特別協定を結ぶことを定めたものである。(2)地域的防衛協定は国連憲章第八章が定める「地域的な平和維持の国際組織」(高野雄一『国際組織法』[新版]一九六一年一二月一五日有斐閣八四頁)である。しかし、(3)アメリカとの二国間協定は、以上二つの、国連による集団安全保障とは対立する軍事同盟である。

ハワードは、国連による集団的安全保障措置と二国間の軍事同盟を並列的にならべて、米軍の日本駐留と基地の存続があたかも国連憲章にもとづくものであるかのように見せかけるのである。国連の集団安全保障に対抗するアメリカとの二国間軍事協定を、同じ性格のものであるかのように装ったわけである。そのうえで、日本国憲法第九条はいっさいの戦力を保持しないと定めているのに、保持を認めない「戦力」と、認められる「戦力」の二つがあるかのようにすり替えることによって、米軍駐留を憲法九条と両立させる「理論」を編み出したのである。

このような憲法九条解釈が通用しないことは、国際法学者のハワードがだれよりもよく知っていた。しかし、第二次大戦後のアメリカの世界戦略にもとづく冷戦政策がそれを必要としたのであった。

日本国民の「平和への意志」を知っていたアメリカ当局者たち

ハワードはこのようにして、日本国内に米軍基地をおくことの合憲化をはかったが、当時、アメリカの対日当局者の間でも、憲法九条と外国軍事基地は両立しないものと考えられていた。

◇一九五〇年三月二五日午前九時一四分、シーボルト占領軍総司令部政治顧問から国務長官へ、公電番号三〇四、極秘

外国軍基地は日本国憲法の戦争放棄条項に違反するという理由により、日本国民は「平和」条約後に外国が日本に基地をもつことに対しては、それがどの国のものであっても、嫌悪感を持って見ている。ＵＰ東京支局が主要新聞の編集者を対象に調査したところ、そのことがはっきり示された。(29)

◇一九五〇年四月七日、フィアリー国務省北東アジア局長からアリソン北東アジア担当国務

次官補代理へ、主題：日本国内の米軍基地、極秘

2 憲法問題。日本国内に外国軍基地を維持することが憲法九条と両立するのかどうかということは、国会でもマスコミからも挑戦をうけている。そうした基地は、防衛を軍備ではなく、国際的信義に依拠するという本条に表明され、日本が決意した精神に違反しているということが広く支持されている。日本の国土にアメリカの基地を設けることを日本側から働きかけ確保するようなくわだては、憲法問題を最も深刻なかたちで引き起こす。日本国民は憲法の条項に違反することに対しては責任があると感じ、それはもともと我々［アメリカ］が心から承認したものだと考えている。彼らの多くがまじめにそれを信じているのである。

憲法九条の基本原理は、非武装の日本を国連軍が守るということではなく、日本の安全保障は日本人がもともと非戦であり中立志向であるということに依拠しているのだと、一般の人々の間ではその制定当時から考えられてきたのだ。だから、国連の保護の代わりにアメリカに保護してもらうという主張は、少なくとも［日本は］軍事的方法を心から拒否するという人々には通用しそうにない。(30)

国務省が米軍駐留を前提にした対日平和条約の早期締結の方針を決めていた時に、シーボルトやフィアリーがこのように憲法九条を支持する日本国民の強い意志や九条の意味をかなり正確に述べていたのは、その経歴から戦後の日本の状況をよく知っていたからだ。

シーボルトは、海軍の語学将校として一九二〇年代に日本語を学び、一九四五年秋には政治部顧問部所属となり、四七年秋からは外交局長を務めた。一方、フィアリーは、占領の当初から国務省内でずっと対日政策を担当してきた。アメリカが平和条約と安保条約により米軍駐留を続けるうえでも、二人は日本問題専門家としての経験と能力を発揮した。

一方には日本に軍事力の存在を許さない憲法九条の規定、他方に日本の米軍基地を存続させたいアメリカ政府と軍部の要求がある。この相いれない二つの命題を両立させるという課題は、ハワードが考え出した日本国憲法九条の解釈改憲により国務省のなかで急速に進展した。ハワードは一九五〇年三月九日、平和条約とともに米軍駐留存続の問題で中心的役割を担っていたバターワース極東担当国務次官補に対して、この問題を国家安全保障会議（ＮＳＣ）と大統領に上げることを進言した。(31)

ＮＳＣは、大統領が議長を務め、安全保障に関連する内務・外務・軍事の諸政策の一体化に関して大統領に助言し、陸海空三軍及び政府各省庁が国家の安全保障にさらに有効に協力共同できるようにするための最高機関である。

一九五〇年三月二三日、ボーヒーズ陸軍次官はアチソン国務長官に書簡を送り、日本に米軍基地を存続させるための二国間条約を交渉することはできるとして、その理由を述べた。ボーヒーズによれば、同年一月に東京を訪れた統合参謀本部のブラッドレー長官らは、非武装の日本は米軍の駐留(プレゼンス)なしには安全を確保できないとしていた。(32)

一九五〇年四月七日、ダレス、バターワース、ハワードの三人による会議が開かれた。席上、バターワースは、現在の状況下で日本政府は戦力放棄の日本国憲法を廃棄したくないと考えていると説明した。米軍駐留を続けるために残された方法は、憲法九条の「解釈変更」しかなかった。(33)

国務省と国防総省は朝鮮戦争最中の一九五〇年九月七日に、米軍駐留と基地の存続を前提とした対日平和条約の早期締結に合意し、トルーマン大統領はこれを承認した(一九五〇年九月七、八日、大統領への覚書:対日平和条約)。(34)

国務省の当局者にとって、憲法九条との整合性をはかることはもう待ったなしの課題になった。しかし国務省の専門家は、日本国憲法第九条第二項が定める戦力保持の禁止がいかなる武力による威嚇も武力の行使も永久に放棄することを定めた同条第一項と一体のものであることをよく知っていた。したがって、ハワードの九条解釈でどこまで対応できるのかという不安もあった。そのため、安保条約による米軍駐留認知の次の課題として、憲法改正論も浮上してきた。国務省が米議会図書館による鵜飼信成東京大学教授(憲法)のインタビューを、アレクシス・ジョンソン極東担当副国務次官補ら関係者に送付して研究したのもそのためだった。

◇一九五一年一月一九日、会話覚書、鵜飼信成東京大学教授「日本の再軍備」

鵜飼教授によれば、憲法九条は日本がいかなる戦争にも関与することを禁じているのかどうかということについて、憲法学者は分裂している。田中耕太郎最高裁長官を含む少なくとも幾人かは、外国の侵略に対して日本は自衛する権利を放棄していないと考えている。（中略）この条の最初の項――「日本国民は、正義と秩序を基調とする国際平和を誠実に希求し、国権の発動たる戦争と、武力による威嚇又は武力の行使は、国際紛争を解決する手段としては、永久にこれを放棄する」は、憲法手続きにより変えることができない。鵜飼は、明治憲法は改定手続きを定めていたという事実にもかかわらず、日本の国のかたちを定めた憲法の規定は改定できないという点で憲法学者は一致していたと説明した。鵜飼は、日本の第二次大戦の敗戦とその結果としての占領下で〝新〟憲法を採用したことが国のかたちの変更を可能にしたという見解だった。(35)

他国軍の駐留を否定していた憲法学説

アメリカでハワードが考え出したような米軍駐留の合憲化論は、日本国内ではだれも考えつかなかったのだろうか。憲法第九条が「保持しない」という戦力には、日本に駐留する米軍は含まれず、日本政府が認めれば外国の軍隊をおいてもよいという解釈は問題になっていなかったのだろうか。

少なくとも一九五〇年代前半までは、外国軍の駐留は憲法九条に違反しないと主張する憲法学者は皆無といってよかった。ハワードの言うような理屈を含めて、軍事基地は否定されていたのである。当時の代表的な学説を紹介しよう。

佐藤功・成蹊大学教授

この講和条約後の安全保障の形式の問題は、単に憲法の解釈と云う観点からのみ論ぜらるべきことではないが、第九条との関係においては、もしも米国との軍事協定と云う形式がとられるとするならば、そこには、自衛権の問題、又は「戦力」たる基地の提供やその他の協力義務等について、第九条との関係が生ずることは明らかである。（「憲法改正論議の基本問題」『国家学会雑誌』

一九五〇年二―三月〔第六四巻二〜三号〕一九五〇年一月一〇日稿二二九頁）

平和条約及び日米安保条約は、日本が、米国を盟主とする陣営に決定的に参加し、これによって他の陣営からの攻撃に対して自国を防衛すること以外には、日本の安全保障の途はないという考え方に立つものなのである。このことは、憲法の理想とし、予想した安全保障の形式とは完全に異なるものであるといわざるを得ない。（『日本国憲法講義案』一九四九年四月一五日学陽書房八三頁、一九五三年四月二五日初版、一九五六年四月二〇日第七版）

恒藤恭・大阪市立大学教授

特定の他国との間に条約を締結し、日本が第三国から攻撃をうけた場合にその他国によって防衛して貰うという安全保障の方法が問題とされるであろうが、現実に日本が第三国から攻撃を受けた際に、日本を防衛する義務を負った国がこれに対応して開戦した場合には、これに伴って日本も第三国との戦争関係に立ち入らざるを得ないわけであり、したがって、そのような条約を締結することは憲法第九条の規定の精神に矛盾すると言わねばならぬ。また右のような条約に基いて他国に対し日本の領土内に軍事基地を提供するというようなことは、憲法第九条の「陸海空軍その他の戦力は、これを保持しない。」という規定と矛盾するものではなかろうかと思われる。（「戦争放棄の条項と安全保障の問題」『改造』一九五〇年四月号〔第三一巻第四号〕二三頁）

入江啓四郎・時事研究所所長

先ず自ら陸海空軍その他の戦力は一切放棄し、国の交戦権を否認した以上、特定国の戦力を導入して、国防力の空白を埋めることは、自己の戦力を他国の戦力によって代位させることであり、憲法の本旨に反することとなろう。かつ国防に関して、特定国の保護的地位に立つことは、独立国の立場上、好ましくないことである。特定国の戦力導入ということは、日本に軍事基地を与えることも、又平時は軍事基地その他外国の戦力を国内には導入しないが、同盟条約或は援助条約によって必要の場合に、日本のためにその戦力を発動させることをも意味する。明治憲法下最後の国会中、貴族院憲法改正特別委員会委員長安倍能成氏が、一九四六年一〇月五日、本会議で行った報告で、新憲法第九条につき、「外国と攻守同盟を締結することも、結局不可能」となったとしているのは、正しい解釈としなければならぬ。攻撃同盟は勿論であるが、日本が一方的に利益を受ける防御同盟又は援助条約も、不可能とされよう。（「安全保障問題の再検討」『法律タイムズ』高柳賢三監修・法律タイムズ社、一九五〇年一〇月号〔第四巻第九号・通巻三四号〕三八頁）

3　もう一人の最高裁長官が演じた役割

ジョン・アリソンの提言

アメリカは、ハワードが見つけた九条解釈をどのようにして日本に持ち込んだか、そして、それはいかにして最高裁砂川判決になったのか。

それを実現する方策を進言したのは、当時、極東担当国務次官補代理だったジョン・M・アリソンである。

アリソンは、太平洋戦争が始まる一六年も前の一九二五年に英語教師として日本を訪れた経歴をもつ日本通の外交官だった。彼は国務省顧問だったダレスの対日平和条約交渉に随行して来日し、米軍駐留と基地存続を実現するうえで重要な役割を果たした。

ハワードが日本に駐留する米軍は「日本の戦力」でないという憲法解釈を言い出してから約一

カ月後、アリソンは米軍駐留が憲法違反であること、日本国民が圧倒的に米軍駐留に反対していることを明確にしたうえで、相次いでバターワース極東担当国務次官補に進言した。

アリソンはまず「日本の米軍基地」と題する、一九五〇年四月一〇日のバターワースへの極秘覚書で、「軍事基地の設置は憲法第九条の精神に反するということが広く国民に支持されている」という先のフィアリーの指摘を改めて強調した。

そのうえで、しかし、「日本の基地は日本と極東の安全に不可欠と見ているとアメリカが言い、マッカーサーがそれを強く支持するといえば、吉田はそうした構想に国会の承認を求めやすくなり、世論の実質的支持のもとに承認されるだろう」と述べた。日本をもっともよく知るアリソンは、日本国民のかなりの部分が米軍基地に反対し、それが激しい政争を引き起こすと指摘することも忘れなかった。(36)

アリソンは続けて翌四月一一日に、米軍基地存続をアメリカから言い出すことにはシーボルトが反対しているとして、日本の方から言いだすことを政治顧問団の進言として提案する。政治顧問団は対日平和条約のために国務省内の日本専門家で組織されていた。

◘一九五〇年四月一一日、アリソンからバターワースへ、ハワード、ラスクへも転送、主

題：日本の米軍基地、極秘

シーボルト氏によれば、マッカーサー将軍は、アメリカの基地は日本には必要がなく、アメリカの基地の存在は日本国民の反米感情をかきたてるだけであり、アメリカにとっては現実の防衛強化の要塞は沖縄にすべきだと考えているという。（中略）

政治顧問団は、日本に対する軍事援助のいかなる交渉も、日本国民の意思を明確に代表する要求を通じて日本側のイニシアチブでのみ始めるべきであると思っている。（傍点、筆者）

(37)

吉田首相の転向

吉田茂首相は、このアリソンの提言をうけて、それをさっそく実行に移した。

吉田が米軍基地を日本においてくれと日本のほうからアメリカに言い出したことについては、宮沢喜一『東京―ワシントンの密談』（中公文庫）に次のような記述がある。宮沢は一九五〇年五月初めに池田隼人蔵相の秘書官として訪米した。この訪米で池田は、占領軍総司令部経済顧問だったジョセフ・ドッジへの伝言を吉田から託された。宮沢は池田がドッジに伝えた伝言の内容を以下のように書いている。

宮沢喜一『東京―ワシントンの密談』から

自分は吉田総理大臣からの伝言として、次のことをお伝えしたい。

《日本政府はできるだけ早い機会に講和条約を結ぶことを希望する。そしてこのような講和条約ができても、おそらくはそれ以後の日本及びアジア地域の安全を保障するために、アメリカの軍隊を日本に駐留させる必要があるであろうが、もしアメリカ側からそのような希望を申出でに《ママ》くいならば、日本政府としては、日本側からそれをオファするような持ち出し方を研究してもよろしい。この点について、いろいろの憲法学者の研究を参照しているけれども、アメリカ軍を駐留させるという条項がもし講和条約自身の中に設けられれば、憲法上はその方が問題が少ないであろうけれども、日本側から別の形で駐留の依頼を申出ることも、日本国憲法に違反するものではない、というふうに憲法学者は申しておる。》

以上の《》内が吉田首相の伝言に当たる。さらに池田氏は続いて……、(以下略)(一九五〇年八月五日備後会五四頁)(中公文庫五五―五六頁)

この事実を、次のようなドッジの機密の報告書(宛名なし)が裏づけている。

◆ジョセフ・ドッジ、一九五〇年五月二日、主題:日本の池田大蔵大臣との平和条約に関す

る討論、機密

池田氏は、政府はできるだけ早い平和条約を願っているという吉田首相からのドッジあて次のような私信をもってきた。そうした条約は、米軍の駐留条項を確保する必要があるから、もしアメリカ政府がそうした条件を提案することを躊躇するようであれば、日本政府が何らかの方法をみつけて提案してもよい［と吉田は言っている］。

憲法の角度から研究して、そうした米軍基地を存続させるために、条約が必要であれば条約を結んでもよく、また基地の継続を申し出ても日本国憲法に違反しない、そうした条項は条約それ自身か別の協定でもよい、と。(38)

吉田は、日本国憲法が一九四六年一一月に制定された当時の首相である。一九四六年六月の国会で、「すべての戦争」というのではなく、「侵略戦争」の放棄とするのが適切ではないかと問われて、吉田首相は、次のようにきっぱりと戦争否定を言い切った。

◆吉田茂首相、一九四六年六月二八日　衆議院本会議

戦争放棄に関する憲法草案の条項に於きまして、国家正当防衛権に依る戦争は正当なりとせらるるやうであるが、私は斯くの如きことを認むることが有害であると思ふのであります。

> 近年の戦争は多くは国家防衛権の名に於て行われたることは顕著なる事実であります。故に正当防衛権を認むることが偶々戦争を誘発する所以であると思ふのであります。（以下略）
> （帝国憲法改正審議録、戦争放棄編、衆議院議事速記録第八号、一九五二年一〇月一六日新日本法規出版六八頁。傍線、筆者）

このように断言した吉田が、国民に向かって自ら説いた憲法第九条の理念を放棄し、米軍駐留を憲法違反でないとすることに転換したのである。

アリソンは、この吉田が自らの勧告を受け入れて米軍基地存続をアメリカに申し出たことを受けて、解決しておくべきもう一つの問題に言及していた。その問題とは、米軍は「日本防衛」のために駐留するのではないということである。その背景には、当時、アメリカが朝鮮で多大の犠牲を払って戦っていたのは、実際には「韓国防衛」ではなく、北朝鮮の背後にいるソ連、中国に対する冷戦戦略のためだということもあった。アリソンは吉田が朝鮮戦争のそうした問題点に言及していることを、当時、国務長官事務所にいたラスクに次のように進言した。

◆一九五〇年八月三日、アリソンからラスクへ、主題：在日米軍基地に関する吉田の見解、極秘

在日米軍基地について吉田が見解を変えたことについては、多くの解釈ができる。これら可能な解釈のいくつかは、上述のメモ［ドッジへの吉田の伝言］に関して述べられたものである。加えて、平和条約締結が遅れれば遅れるほど、日本はアメリカの求める条約の安保条項［日米安保条約のこと］を受け入れにくくなることをアメリカに伝えようとしたのである。アメリカはある国、すなわち韓国の防衛に向かったのだが、そこに軍事基地をもっていたわけではなかった。日本も在日米軍基地などという政治的に好ましくない義務を負わなくても、同様の保護をうけてもよいではないかという見方も出てくるというのが、彼［吉田］の見方だった。(39)

しかし吉田はもうアメリカに逆らうことはできなかった。米軍駐留合憲の「学説」を学者らに言わせる必要に迫られることになった吉田は、一九五〇年秋、目黒の外相官邸に学者や元軍人、経済人らを集めて、米軍駐留と日本国憲法の関係を議論させることにした。

平和条約、安保条約の締結交渉にあたった当時の西村熊雄外務省条約局長は「吉田総理は既述の通り目黒官邸に少数の政・財・学・言論各界の指導者と軍事専門家の二つのグループを別々に集めて平和問題に関し意見を交換した」と書いている。（西村熊雄『日本外交史27サンフランシスコ平和条約』一九七一年一一月五日鹿島研究所出版会八一頁）

西村熊雄によれば、目黒官邸の議論の中心問題は安保条約・米軍駐留と憲法第九条の関係であった。

西村熊雄『安全保障条約論』

安保条約の締結関係者として、もちろん、「合衆国軍隊の駐留——日本が要請し合衆国が同意した、すなわち、両国の合意による——は憲法第九条第二項前段に違反する」との断定に一番注意をひかれる。安保条約を準備したころ最も熱心に議論したのは、この点であったからである。

（中略）

安保条約を交渉する前、準備時代に、外国軍隊の駐在と憲法第九条第二項前段との関係についてはげしい議論を上下し思案をめぐらしたものである。（一九五九年八月一〇日時事通信社一〇八頁）

西村熊雄「日米安全保障の成立事情」

この情勢が、突然変わったのが一九五〇年からであって、変わった事情は、ここにくどくど申す必要もありません。一言にして言えば米英の対日講和問題に対する方針の転換ということです。

（中略）したがって事務当局としては、最も適当な形式でそれを達成するよう考えてみろ、というお指図を受けることになったのであります。（中略）ここにおいてわれわれは、わが憲法第九条を問題とせざるをえなかったのです。ここでも壁にぶつかった感じを体験したわけであります。憲法九条の問題は、安全保障体制に関する体内条件のうち根本条件だと思うのです。日本の安全保障体制を考える場合の根本条件をなすわが憲法の条規を破る条約は考えられないし、また考えてはいけないということになります。どうしても破ってはいけないという、これが根本的条件です。（『日本の安全保障』日本国際問題研究所・鹿島研究所一九六四年六月三〇日二〇二〜二〇五頁）

横田喜三郎の一八〇度転向

目黒の外相官邸での議論は米軍駐留と憲法九条との折り合いをつけることを目的にしていたが、そこには憲法学者は一人も加わっていない。法学者で参加したのは、国際法の横田喜三郎東京大学教授一人だけだった。米軍駐留と憲法九条に関する議論は、吉田以外では横田が中心になった。横田は米軍駐留に賛成したが、ここでは国連による安全保障が確実になるまでとしていた。

◆横田喜三郎、一九五〇年一一月一六日、目黒外相官邸における有識者会合「日本の安全保

障について」　極秘

客観情勢からみて、日本としては、米国の考え方――国連による安全保障が確実になるまで米国その他の軍隊（なるべく米国軍のみでなく広く他国の軍がはいったほうがよい）と日本の施設との協力――に賛成していいではないか。国連が日本の安全を引きうける時期は、国連が決定することとし、それまでの間、米国の考えている方式をうけいれよというのである。（『日本外交文書・サンフランシスコ平和条約　対米交渉』二〇〇七年三月三〇日外務省編纂発行八八頁）

横田はもともと米軍駐留反対だった。憲法制定以来、第九条による戦力不保持は自衛権をも放棄したものであるとして、その意義を精力的に説いた。占領中は東京大学法学部で「管理法令研究会」を組織し、『管理法令研究』誌上で平和条約発効後の日本国憲法にもとづく政治のあり方を研究した。同誌一六号では、マッカーサー連合国軍総司令官が一九四七年三月一七日の記者会見で「総司令部の軍事占領の時期は、講和条約の締結をもって、完全に終るべきである」「自分は、講和条約の締結ののちに、いかなる形にせよ、軍事的な組織を残そうとは考えていない」との声明を発表したことを指摘して、「マックアーサー元帥の声明がそれに大きな推進力を与えたことに、われわれは強い関心をおぼえるものである」と書いた。（横田喜三郎「講和条約に関する

マックアーサー元帥の声明」『管理法令研究』一九四八年一月二〇日九一〜九三頁)

横田はまた、憲法九条が禁止しているのは日本の戦力であって、外国軍隊ではないとする主張が出てくることも予想して、早くからそれを批判していた。

横田喜三郎『日本の講和問題』

日本の憲法から見ても、外国の軍隊や軍事基地をおくことは、適当と考えられない。日本の憲法は、徹底的な平和主義を採用し、その一部として、軍備を全廃した。憲法の第九条には、『陸海空その他の戦力は、これを保持しない』と規定している。陸軍も、海軍も、空軍も、その他の戦力も、いっさい保持しないというわけで、まことに完全な軍備の廃止である。この規定から見れば、外国の軍隊や軍事基地をおくことは、適当と考えられない。もとより、憲法で廃止されているのは、日本の軍備である。日本の軍隊であり、日本の戦力である。外国の軍隊や戦力ではない。したがって、形式的に見れば、外国の軍隊や軍事基地をおくことは、憲法に違反しないといえるかも知れない。しかし、実質的に見れば、つまり、精神から言えば、すくなくとも適当でないといわなくてはならない。軍隊も戦力も、いっさいを廃止した精神は、あきらかに、戦争の手段となるものをまったく存在させないということにある。たとえ外国の軍隊や戦力であっても、戦争の手段となるものを存在させることは、右の精神に反するものといわなくてはならない。

（一九五〇年二月一五日、勁草書房、一四七〜一四八頁）（傍線、筆者）

横田がこのように指摘したのは、目黒外相官邸で自らが米軍駐留存続に賛成する直前のことだった。

ところが、目黒官邸で吉田を前に米軍駐留と軍事基地に賛成した後では、横田は一転して、ハワードの解釈をもとにして米軍駐留・米軍基地合憲論を書籍や雑誌で書きまくることになる。

一九五一年九月八日、サンフランシスコ市のオペラ・ハウスで対日平和条約に吉田首相をはじめ日本の全権団全員が署名した。アメリカに米軍駐留と基地存続の権利を与えた日米安保条約はそれから約五時間後、サンフランシスコ市内の米第六軍司令部で調印された。アメリカ側は平和条約調印と同じ四人が署名したが、日本側は吉田一人だけが署名した。六人の全権団のうち苫米《とまべ》地《ち》義三（民主党最高委員長）、徳川宗敬（緑風会議員総会長）の二人はその調印式にも参加しなかった。

横田喜三郎は、日米安保条約が締結されると同時に出版した著書で「憲法には、陸海空軍その他の戦力は、これを保持しないと規定されているが、ここに、陸海空軍その他の戦力というのは、あきらかに、日本の陸海空軍その他の戦力のことである」と書いた。（横田喜三郎『自衛権』一九五一年九月一〇日初版、有斐閣二一〇頁）。雑誌『世界』一九五一年一〇月号「講和問題特集」

では、「(憲法九条に) 陸海空軍その他の戦力とあるのは、日本の陸海軍であり、日本の戦力である。つまり、日本の国家が日本の陸海空軍その他の戦力を保持してはならないことである。そうしてみれば、外国の軍隊が日本に駐留することは、憲法の規定に触れるものではないといわなくてはならない」と述べた。

一九五二年四月二八日の平和条約・日米安保条約の発効が間近になると、横田は、駐留米軍は日本の戦力ではないから憲法違反ではないとする九条解釈をさらに徹底した。ハワードの解釈と完全に一体化したわけである。

横田喜三郎「日本の安全保障」
なるほど、日本が軍事基地や軍事施設を建設し、これを提供すること、その基地や施設が日本に存在することは、日本が戦力を保持するようにも見える。しかし、この基地や施設は、外国軍隊が使用するためであって、日本が使用するためではない。したがって、外国にとってこそ、戦力となるけれども、日本にとって戦力となるものではない。(『国際法外交雑誌』第五一巻一号一九五二年三月一五日一八頁)

日本政府は一九五二年一一月二五日、「憲法第九条第二項にいう［戦力の］『保持』とは、いうまでもなくわが国が保持の主体たることを示す。米国駐留軍は、わが国を守るために米国の保持する軍隊であるから憲法第九条の関するところではない。」（朝日新聞一九五二年一一月二五日）とする統一見解を発表した。

この政府統一見解は、その後一九五九年五月二一日の自民党総務会の決定――「憲法第九条第二項は、わが国がいわゆる戦力を保持することを禁止した規定であって、駐留米軍の存在は、ここにいう戦力にあたらない。」（『法律時報』一九五九年六月号七〇頁）となり、砂川裁判において、東京地検が同年六月二日に最高裁大法廷に提出した上告趣意書「外国軍隊に対してわが国政府が指揮権管理権を有しない以上、これをもって、わが国が戦力を保持していると言い得ないことは明らかである」（東京地方検察庁「第二次砂川事件に対する上告趣意書」『法律時報』一九五九年七月号第三一巻第八号通巻三五二号七八頁）となった。そしてこれが、同年一二月一六日、最高裁大法廷の判決となったのである。

米国務省に評価された横田東大法学部長

アメリカ国務省は田中耕太郎とともに、横田喜三郎にも早くから注目していた。

東京のアメリカ大使館は、まだ平和条約発効後の米軍駐留存続を模索し始めていた一九五〇年四月一二日、「日本における米軍基地の議論」と題する報告書を国務省に送った。報告書は、雑誌『中央公論』同年四月号の『特集「軍事基地化」の問題』に掲載された知識人の意見を紹介し、とくに横田喜三郎東京大学法学部長の意見に注目した(40)。そこで横田は、「日本の警察力だけで、十分に暴力革命を押えることができるだろうか」と提起し、押える見通しがあれば外国の軍隊や基地はない方がよいが、その見通しがつかないならば、答えは異なってくるとして、米軍駐留に賛意を表明した。

一九五二年二月二八日に日米行政協定が調印され、はじめてその内容が明らかにされると、国民の間から厳しい批判の声が起きた。行政協定は、平和条約によって日本が独立した後でも、占領下の米軍の特権を多くの点で保障していた。批判点はたくさんあったが、とりわけ第一七条で米軍人・軍属が日本人を被害者とする罪を犯しても、日本にはいっさい裁判権がないことを定めたことに対して、厳しい批判が全国でわきおこった。

そうしたなかでアメリカが注目したのは、横田が行政協定による刑事裁判権の放棄に対する弁護論を述べたことだった。横田が雑誌『世界』の論文で、同協定に対する批判的なポーズをとりながらも、米兵の犯罪ではなく、日本人の犯罪に問題をすり替えて行政協定を擁護したことを高く評価したのである。

横田喜三郎「行政協定をめぐる諸問題」

「日本にとって有利な点もないことはない。公平であるために、これについても、一言しておかなくてはならない。その一つは日本人の犯罪について、常に日本が裁判権を有することである。アメリカ軍の施設や区域の外ではもとよりであるが、その内でもそうである。しかもアメリカ軍の軍人、軍属その家族に対して犯罪を行ったときでも、やはり日本が裁判権を有する。（『世界』一九五二年五月号八八頁）

日本人が日本国内で犯した犯罪を日本が裁判するのは当然である。被害者がアメリカ人であろうが、日本人であろうが関係ない。それをあたかも特別に認められた権利であるかのように言うのは、明らかに詭弁である。

当然、だれも評価しなかった。そのことを米大使館はこうボヤいている。

◆一九五三年四月八日、大使館から国務省へ、安全保障情報、秘密

吉田首相と岡崎外相はアメリカに譲歩したとしばしば国会で非難されており、「行政協定」第一七条は日本の主権を損なうものではなく、米軍に過度の権利を与えてはいないと強調するのだが、ほとんどだれも納得させることができていない。横田喜三郎東京大学教授は、知識人のバイブルである『世界』一九五二年五月号の論文で、同条項に関する分析的で冷静な論文を書いたが、そうした論文でさえ、とりわけ他の知識人からの激しい批判とは対照的に影響力がほとんどない。(41)

一九五九年一二月に最高裁砂川判決が出されると、横田は多くの論文や論評記事を書き、法律雑誌の座談会に出席して、最高裁判決賛美の論陣をはった。その論点は、米軍駐留の是非をめぐる議論はこれによってすべて決着がついたということにあった。

横田喜三郎「戦争放棄の限界―砂川判決を中心として―」

こうして、最後の結論として、アメリカ軍隊の駐留は、どのような点から見ても、日本の憲法に違反するものでないことが確定された。(中略)最高裁判所の判決がこれらのことを明らかにしたことは、もとより、正当であり、当然である。それはたんに原審の伊達判決の誤りを正したばかりでなく、憲法の真の意味を明白にし、確定したという意味で、いっそう重要なものである。(『外交時報』一九六〇年三月号一六頁)

安保改定にさいして、駐日米大使館は、横田東京大学名誉教授が安保条約の固定期限を一〇年

間としたことを評価している、と国務長官に報告した（一九六〇年一月二一日午後八時の部外秘公電）。(42)

次いで大使館は同年一月二九日、安保改定賛成の学者を評価する報告書を国務省に提出し、その冒頭に、横田喜三郎東京大学国際法名誉教授をあげた。(43)

六〇年一〇月二五日、田中耕太郎の最高裁長官退官に際して、マッカーサーは「貴殿の勇気と信念は今日の世界が直面する基本的問題に立ち向かう自由な国民の精神の源泉になってきた」と最大級の賛辞を送った(44)。これに対して、田中は一一月四日の返電で、「後任の横田喜三郎にも、私が最高裁にいた時と同様の援助を与えてくれるように」と述べた(45)。

ワシントンでは一九六〇年八月一七日、パーソンズ国務次官補はディロン国務長官代理に書簡（部外秘）を送り、田中耕太郎最高裁長官が日本の戦後政治の流れを長期にわたり固定化する判決を出し、とりわけ砂川判決で米軍駐留を認めるなど日米関係に重要な貢献をしたと称賛した。

一方の田中耕太郎は、最高裁を退くにあたって六〇年八月一九日、ワシントンの国務省を訪問、ディロン国務長官代理に挨拶した後、パーソンズ国務次官補を訪ね、「自分の長年の裁判官としての経験を役立てたい」と国際司法裁判所判事立候補を表明した。パーソンズは「田中の立候補にあらゆる考慮を払う」と応じた。(46)

一九六〇年一一月一六日、田中は国際司法裁判所判事に当選した。

米軍駐留に次いで安保条約も「合憲」に

一九六三年一二月二六日、横田喜三郎が長官をつとめる最高裁は砂川事件再上告を棄却した。

さらに一九六九年四月二日、最高裁大法廷は、「新安保条約は、憲法九条、九八条二項［条約・国際法規の遵守］および前文の趣旨に反して違憲であることが明白であるとは認められないことは、当裁判所大法廷の判例の趣旨に照らし、明らかである」として、一九六〇年の安保反対運動のなかで裁判所敷地内の集会を開いた全逓労働者を有罪とする判決を下した（最高裁刑事判例集第二三巻第五号六九九頁）。

これは最高裁砂川判決をさらにエスカレートさせたものである。最高裁砂川判決は、憲法第九条が禁止するのは日本の戦力であり、駐留米軍は一見明白に違憲でないとしたが、安保条約については、「司法審査権の範囲外」（最高裁刑集一三巻一三号三二三五頁）とした（統治行為論）。

これに対して一〇年後一九六九年のこの最高裁判決は、現行安保条約についても、「違憲であることが明白であるとは認められない」（最高裁刑集二三巻五号六九九頁）と断定したのである。

判決理由は、「当裁判所大法廷判例の趣旨に照らし、明らか」というのだが、最高裁砂川判決は、安保条約については、そこまでは言っていなかった。砂川事件で米軍駐留を「合憲」とした最高裁は、その根拠である安保条約そのものも「合憲」としたのである。

Ⅱ

米軍の法規無視をなぜやめさせられないか

1　アメリカでやっていることを日本で出来ないのは

全国に広がる爆音、低空飛行被害

米軍航空機の低空飛行や離着陸の爆音被害が広がっている。被害は基地の周辺にとどまらず、全国各地に及んでいる。住民の苦情は、北海道、東北、関東、中国、四国、九州、沖縄など日本のほとんど全域から出されている。

米軍ジェット機は東日本大震災直後の二〇一一年七月にも、大きな被害を受けた岩手県陸前高田市の上空を超低空飛行し、授業中の先生は教室から飛び出した。横須賀基地を母港とする米原子力空母ジョージ・ワシントンの艦載機による爆音被害は、地元の神奈川県はもちろん東京、群馬など各都県に広がっている。

岩国基地所属の米軍戦闘機は地元の山口県をはじめ広島、岡山など中国地方全域で低空飛行を繰り返し、被害が相次いでいる。広島県が政府、岩国基地司令官に飛行中止を要請した文書によると、県内で二〇一〇年一年間に目撃された低空飛行は二三六日で、一年のうち三分の二に及んでいる（広島県国際課一一年六月一日）。一一年九月、島根県浜田市の小学校では、爆音の恐怖に子供たちは「恐ろしさのあまり、床に伏した」（「赤旗」一二年二月八日）。沖縄県宜野湾市の中心部を占める普天間基地では、軍用ヘリコプターが昼夜を問わずエンジン音を響かせている。住民は爆音の被害や墜落の恐怖の中で暮らしている。

駐留米軍だけではない。フロリダ、アラスカなどアメリカ本土はもちろん、グアムや韓国の烏《オ》山《サン》、群山《クンサン》など各地から米軍機が飛来し、日本の国土の上空を自由に低空で飛びまわり、日本国民を苦しめているのだ。沖縄の嘉手納では「外来機」が三割を超える。激しい爆音を出すF22ステルス戦闘機も頻繁に来る。

被害は爆音、騒音だけはない。普天間基地の米軍ヘリが二〇〇四年八月、沖縄国際大学の校舎に墜落・炎上したのは記憶に新しい。米軍機はもう何度も各地の人口密集地に墜落し、多数の犠牲者を出している。一九五九年六月には沖縄・石川市（現うるま市）の小学校に米軍ジェット機が墜落し、児童一一人を含む一七人が犠牲になった。新聞は「現場の宮森小学校は、子を失った父母たちが半狂乱になって死体を捜し求めるなど、目を覆う惨状だ」（朝日新聞一九五九年七月二日）と報じた。一九七七年九月には横浜市緑区（現青葉区）の民家に空母ミッドウェー艦載機が墜落、二人の幼児が亡くなり、母親は大火傷の痛みに耐えながら死ぬまで苦しまねばならなかった。

地方自治体は旧安保条約下の一九五〇年代から夜間離着陸訓練や低空航行の中止を求めてきた。多くの地方議会が、訓練中止を求める決議を採択している。広島県は、毎年政府に要請してきたが、近年は駐日大使館や岩国基地司令官にも低空飛行をやめるよう要求している。

沖縄県嘉手納の基地周辺住民二万二〇五八人は、三度目の訴訟を起こした。普天間基地周辺住民が二〇〇九年に福岡高裁に控訴した際、原告団長は「もの（損害賠償）をもらいにきたのではない。静かな日々を返してもらいたい」と訴えた。厚木基地周辺住民は、半世紀以上も前の一九六〇年に厚木基地爆音防止期成同盟を発足させ、すでに四次にわたり訴訟を提起してきた。横田基地周辺の住民は一九七六年以来、「静かな夜を返せ」と裁判に訴えてきた。山口県の岩国海兵航空隊基地周辺住民も二〇〇九年三月、飛行差し止めなどを求めて提訴した。

しかし、裁判所は、住民に苦痛を与えるのは違法として損害賠償は認めても、夜間・早朝飛行の差し止めは認めない。裁判所が飛行差し止め命令を出さなければ、〝音による拷問〟は続く。

砂川判決と同じ論法で訴えを門前払い

問題は、裁判所が最高裁砂川事件の判決と同じ論法で、夜行・早朝飛行中止の請求をすべてしりぞけていることだ。政府が米国務省ハワードの憲法九条解釈を使って最高裁に提出し、マッカーサー駐日大使と密談を重ねた田中耕太郎裁判長率いる大法廷が「米軍駐留は違憲でない」とした、あの論法である。日本政府が駐留を認めたものであっても、米軍の行動は日本国憲法や法令の支配をうけず、日本政府はその行動を取り締まることはできないという、あの理屈である。最高裁判決のなかで、日本政府は米軍の不法行為を取り締まることはできないとした部分を引用する。

◆米軍機早朝夜間飛行差止め訴訟判決　一九九三年二月二五日、最高裁第一小法廷

被上告人は、条約ないしこれに基づく国内法令に特段の定めのない限り、米軍の本件飛行場の管理運営の権限を制約し、その活動を制限し得るものではなく、関係条約及び国内法令に右のような特段の定めはない。そうすると、上告人らが米軍機の離着陸等の差止めを請求するのは、被上告人に対してその支配の及ばない第三者の行為の差止めを請求するものというべきであるから、本件米軍機の差止請求は、その余の点について判断するまでもなく、主張自体失当として棄却を免れない。（最高裁判所民事判例集「航空機発着差止等請求事件」第四七巻第二号六五一―六五二頁）

一九九六年四月、横田基地周辺住民は、アメリカ政府に対しても夜間早朝の飛行差し止めを求めて提訴した。日本政府には管理権がないから差し止め命令を出せないというのであれば、管理権、指揮権があるというアメリカ政府を相手取って争うしかないと考えたのである。しかし最高裁はこれも棄却した。

◆横田基地夜間飛行差止等請求事件（アメリカ政府）、二〇〇二年四月一二日、最高裁第二小法廷

外国国家に対する民事裁判権免除に関しては、いわゆる絶対免除主権が伝統的な国際慣習法であったが、国家の活動範囲の拡大等に伴い、国家の私法的ないし業務管理的な行為についてまで民事裁判権を免除するのは相当でないとの考えが台頭し、免除の範囲を制限しようとする諸外国の国家実行が積み重ねられてきている。しかし、このような状況下にある今日においても、外国国家の主権的行為については、民事裁判権が免除される旨の国際慣習法の存在を引き続き肯認することができるというべきである。本件差止請求及び損害賠償請求の対象である合衆国軍隊の航空機の横田基地における夜間離発着は、我が国に駐留する合衆国軍隊の公的活動そのものであり、その活動の目的ないし行為の性質上、主権的行為であるこ

とは明らかであって、国際慣習法上、民事裁判権が免除されるものであることに疑問の余地はない。（最高裁民事判例集第五六巻第四号七三一―七三二頁）（傍線、筆者）

最高裁は、外国の政府を訴えることはできないという「主権的行為」論はもはや多くの国で採用されていないといいながら、米軍の不法行為にたいしては「主権的行為」だといって訴えを棄却したのである。最高裁は、米軍の不法行動をアメリカ公権力の行為だからとして、日本国民が憲法と法令によりやめさせることはできないという立場をあくまでも貫いているわけである。

さらに普天間基地周辺の住民は二〇〇二年一〇月、同基地司令官を相手取って早朝夜間の差し止めを求める裁判を起こしたが、最高裁第三小法廷は二〇〇六年二月二八日、これも棄却した。最高裁の判決には、下級審に対する拘束力がある。東京高裁の上谷清裁判長は、横田基地第三次訴訟で「飛行差止めについては、最高裁の判決があるので、残念ながらこれを無視して差止命令を認める判決はできない」と述べた（榎本信行「横田基地訴訟の経過」『法律時報』二〇〇〇年三月号第七二巻三号四八頁）。

こうして、日本国民が米軍機不法飛行の苦しみから逃れるための司法救済の道は、最高裁によって閉ざされた。

アメリカ国内ではどうしているか

しかし、米軍は、自らの行動がいかに日本国民を苦しめているかをよく知っている。知っているけれども、日本の政府も裁判所も認めているから、やめる必要はないと考えるわけである。

一九五九年一〇月一日、在日米軍司令部は日米合同委員会への報告書で、三沢、ジョンソン［現自衛隊入間基地］、横田、立川、厚木、木更津、岩国、芦屋［現自衛隊芦屋基地］、板付各基地の月間離着陸回数を示し、飛行高度は最高五〇〇メートル、最低三〇〇メートルだが、岩国や厚木の周辺では一六五メートルの低さになると述べた。最高裁大法廷が砂川事件で米軍駐留に関する評議をしていた最中であった。

安保改定翌年の一九六一年四月二一日、厚木基地を発進した航空機が藤沢市内の農家に墜落（もう一機は相模湾に墜落）、夫は死亡、妻は負傷、附近のビルや家屋が焼失した。この事件について、駐日米大使館は同年四月二八日の部外秘公電（番号G一三九二）で、事故の状況を伝え、その中で、事故三日後の四月二四日の衆議院内閣委員会において、丸山防衛施設庁長官が米軍機の低空飛行について、「日米地位協定に照らして全く適法であると答弁した」と国務長官に報告した。（1）

アメリカではどうしているのだろうか。

私は二〇一〇年一〇月、米公文書館でアーキビストに訊いてみた。彼は「軍用機もＦＡＡの規制のもとにあるから、記録がありますよ」と言って、ＦＡＡの書架住所登録簿（ＭＲＬ）を探して出してくれた。

ＦＡＡはアメリカ連邦航空局（Federal Aviation Administration）の略称である。運輸省の一部局ではあるが、米空軍など軍事部門も規制する立場にあり、ワシントンＤＣの本部はとりわけ厳重な警戒態勢がとられている。ＭＲＬで調べると、爆音、騒音問題に関する記録が大量にあることがわかった。五日間ほどかけて、軍用機に関する記録を選び出して読んだ。低空飛行の苦情を訴える住民の手紙、訴えをうけたＦＡＡ当局者が軍当局に問い合わせをした手紙、上下両院の議員に問題解決への努力を要請した手紙、そして空軍をはじめ海軍、陸軍の当局者らの報告書などが大量に保管されていた。

内容はさまざまだが、住民から訴えが出ると、議員や行政機関が動き、軍当局も住民の要求を調査、検討し、対応しなければならない。当局は回答する義務がある。パイロットはＦＡＡが定める飛行高度を守らなければならず、訓練ルート内の飛行であっても、住民がＦＡＡに苦情を出せば、ＦＡＡは地元選出議員に連絡し、また自ら軍当局と相談して、その地域の上空を飛ばせないと決めることもある。実際に飛行高度の制限を設け、あるいは訓練ルートを廃止する場合もある。

アメリカでは軍事訓練ルートも演習地域も明確に設定され、公開されている。市販のＴＰＣ（戦術操縦図 Tactical Pilotage Chart）にも載っている。軍用機の低空訓練もこのルートで飛行することになっており、ルートが居住区に近かったり、爆音や超音波が大きすぎたりして、さまざまの苦情が住民からＦＡＡに出されている。

無数の事例があるが、ここでは三つの事例を要約して紹介する。戦術操縦図で見ると、この事例の所在地の附近にも訓練空域や飛行ルートが記されている。

◇アメリカにおける軍用機低空飛行とのたたかい――米連邦航空局（ＦＡＡ）のファイルから

フロリダ州オーカラ国立森林公園そばのマコイ小学校では、航空機騒音が激しいので、メンドラ校長が一九七八年九月二八日に地区教育責任者に訴えた。同責任者は直ちにジャクソンビルの海軍当局とクリアウォーターのＦＡＡに抗議した。ＦＡＡが調査したところ、海軍の訓練ルートが同小学校近くの上空を通っていることがわかり、海軍は当初、小学校に二マイル（約三・二キロ）近くの上空は飛行しないと回答したが、学校側は納得しなかった。結局、軍事訓練ルートを閉鎖し、完全な再評価をすることになった。海軍当局の代表はメンドラ校長を訪問し、校長が行動をとったことに謝意を表した。（２）

同州北アラチューア県ウェルドー市の住民は同年一〇月一三日、ジェット機の飛行中止を要求する手紙を海軍航空基地司令官に連名の署名をつけて提出した。住民は、パイロットの必要な訓練であることは承知しているが、飛行高度が低すぎるので、騒音が激しく子供らが怖がっていると訴えた。訴えは、フロリダのチャイルズ上院議員を通じて一〇月二四日、FAAマイアミ地方事務所に提出された。FAAは、米海軍航空機が軍事訓練ルートで低空飛行戦術訓練をしていることを確認し、住民の苦情を海軍当局に伝えた。FAA連絡事務所の海軍代表は、最低飛行高度を一〇〇〇フィート（約三〇〇メートル）に制限すると回答した（94頁にウェルドー市住民の訴えと署名）。（3）

バーモント州ベニントンでは、一九七八年五月二一日午後五時頃、住民が高度約二〇〇〇フィート（約六〇〇メートル）で飛んでいる軍用ジェット機を目撃して地域の行政官に知らせた。行政官は同二六日、スタフォード下院議員に通知した。同議員から連絡を受けたFAA下院連絡事務所は、軍用機も通常一万フィート以上、訓練ルートであっても毎時二五〇ノットで目視飛行の場合、三〇〇〇～五〇〇〇フィート（約九〇〇～一五〇〇メートル）より高く飛行することになっており、全米で行われている低空軍事訓練は軍当局とFAAによる

Captain Wellman
Naval Air Station
Cecil Field, FL 32215

Dear Captain Wellman:

We live on S-225 west of U.S. 301, approximately 3 miles north of Waldo in Northern Alachua County.

For the past three years or more we have been surprised and frightened occasionally by low flying military jets. As of late the frequency of these flights, disturbing the populace, has increased to an intolerable level. We realize that this type of flight may be a necessary part of pilot training, but there is no excuse for these planes flying too low directly over our homes when there are thousands of acres of unpopulated forest nearby.

The terrified children who live along this flight path have absolutely no defense against the sounds of these low flying planes. Attached is a letter from a doctor of one of the children testifying to this fact.

We request that immediate steps be taken to stop these flights.

cc: Governor Ruben Askew
Congressman Don Fuqua
Senator Lawton Chiles
State Representative Sid Martin
Federal Aviation Administration

Sincerely,

NAME	ADDRESS
Annamarie Harrell	Rt. 1, Box 193, Waldo
David D. Harrell	RT 1 BOX 193 WALDO
Barbara Denahan	Rt 1 Box 191 waldo
Steve Denahan	Rt 1 Box 191 Waldo
Keri Denahan	Rt 1 Box 191 wald
Sandra Moley-Dickson	Rt. 1, Box 164, Waldo
David Moley-Dickson	Rt. 1 Box 164 Waldo
Irvin Meloney	P.O. Box 301 Hampton
T. T. Melton Jr.	Rt. 1 Box 168 Waldo
Jerry Addison	ST. Rt 1. Box 180 Waldo
Ray Burnsed	Rt 1 Box 175 Waldo

フロリダ州ウェルドー市の住民が海軍航空基地司令官にあてた署名入りの手紙。こうした住民の要求が米国では認められ、当局によりきちんと処理される。

広範な研究が行われた後でのみ設定されると回答した。（4）

軍用機の訓練空域や飛行ルートが多いフロリダでは、住民の苦情も多発している。アメリカでは、軍用機も、住民の苦情を受けて、飛行ルートを変えたり、最低飛行高度を高くしたりしている。この当たり前のことが、日本では行われていない。二〇一二年三月には同州駐留F15戦闘機六機が沖縄の嘉手納基地に飛来した。アメリカ本国では規制を受けている米軍機が、日本にやってくると、なぜ住民の苦しみを顧みず、法律・規則を無視して自由に低空で飛び回ることができるのか。日本政府が米軍に対する管理権、指揮権をもたないから違憲ではないとする最高裁判決が、重要な役割を果たしていることは明らかである。

米軍は航空法が定める飛行高度などの規制を守る義務がなく、実際にも守っていない。人口密集地であれ、小学校や病院の上であれ、自由に飛んでいる。一九九四年に高知県の早明浦ダムで墜落した米軍機は一五〇メートルから一二〇メートルの低空で飛んでいた（早明浦ダム墜落事故調査報告書）。広島県北広島町では二〇一〇年七月二八日、八幡小学校の上空二〇五～二二五メートルを二〇分間飛び回った（「赤旗」二〇一〇年八月一二日）。住民の訴えを受けて、政府や裁判所が米軍に対し低空飛行をやめさせたことはない。

2　七〇年代から強まる米軍の治外法権的特権

外務省は機密文書で米軍の行為を容認

日本政府が、現行安保条約の下で、米軍には国内法が適用されないとして、米軍機の低空飛行訓練を公然と正当化するようになったのは、一九七〇年代に入ってからである。

大河原良雄外務省アメリカ局長は一九七三年七月、国会で次のように答弁した。

「一般国際法上は、外国の軍隊が駐留する場合に、地位協定あるいはそれに類する協定に明文の規定がある場合を除いては接受国（注・外国軍の駐留を受け入れている国）の国内法令の適用はない。したがって、地位協定の規定に明文がある場合は、その規定に基づいて国内法が適用になるけれども、そうでない場合には接受国の国内法令の適用はない」（衆議院内閣委員会議録第四〇号一九七三年七月一一日七頁）

大河原アメリカ局長のこの答弁は、外務省を中心に政府部内で周到に準備されたものだった。大河原答弁に先立っては、運輸省航空局技術部長が「私どもが外務省から聞いていることは、米軍に対しては、地位協定の原則に従ってすべて原則として（法令が）適用除外である。地位協定特例法によって適用するものは適用すると書いてあるけれども、原則としては全部適用除外であると理解している」と答弁した。このため、質問した野党議員を「あなたまた何でそんなことを……。たとえば航空法の特例に関する法律というのがあるでしょう、ちゃんと。米軍は日本の国内法を全部最初から適用除外なんて、あなたそんなものの考え方というのは初めてですよ」とあわてさせたものである。（同）

その後、歴代内閣もほぼこの大河原答弁を踏襲している。

これは、国際法の初歩的原則を乱暴に踏みにじるものであった。著名な国際法学者、高野雄一氏は、条約と当事国の国民との関係について次のように述べている。

> 条約はひとたび成立すると、その当事国を法的に拘束しその権利義務関係を形成するが、その国の国民を直接に法的に拘束しその権利義務を直接に派生させることは、原則としてない。その国の行政機関あるいは裁判所も直接に条約を適用するように義務づけられ、または適用する権能をもつことは、原則としてはない。総じて、条約の効力は、当事国に及ぶだけで、その国内関係

を条約として直接に規律することはない。（『新版国際法概論』下巻一九五七年七月一〇日弘文堂五九頁。傍点、筆者）

にもかかわらず、日本政府は米軍が日本の法令・規則を無視して行動できるとする治外法権是認の立場を基本的にとるようになった。そのため外務省は一九七三年四月に『日米地位協定の考え方』と題する「部外秘」の文書まで作成した。さらに一九八三年一二月にはこの機密文書の「増補版」を作成、米軍の違法行為の正当化をはかる解釈変更の徹底をはかった。

この文書は、二〇〇四年七月に琉球新報によってスクープされ、『外務省機密文書・日米地位協定の考え方・増補版』として、同年一一月に高文研から出版された。

そこではたとえば、基地外における米軍機の低空飛行訓練について、「空対地射爆等を伴わない単なる飛行訓練は、本来施設・区域内に限定して行うことが予想されている活動ではなく、地位協定上、我が国領空においては施設・区域上空でしか行い得ない活動ではない」（『増補版』23頁）と書いている。

その後も政府は、国会答弁や自治体に対する通達でも、同様の見解を踏襲している。

「地位協定に特段の規定がなくても、軍隊の通常の活動に属すると思われる行動については、米軍が駐留を認められている結果として当然認められるべきものである」（一九八八年二月二三日、衆議院予算員会、斉藤外務省条約局長）

「戦闘即応態勢を維持するために必要とされる技能の一つが低空飛行訓練であり、これは日本で活動する米軍の不可欠な訓練所要を構成する」（外務省「在日米軍による低空飛行訓練について」一九九九年一月一四日）

一九六〇年当時の政府答弁

以上に見たように、一九七〇年代に入ってから日本政府は米軍の治外法権的行動を容認していくが、はじめからそうだったわけではない。一九六〇年、旧安保条約を改定したさいの国会等で、政府が基地の性格や米軍の権利について、どのように説明したかを見てみよう。

高橋通敏外務省条約局長、一九六〇年五月一一日、衆議院安全保障条約特別委員会

施設・区域は、治外法権的な、日本の領土外的な性質を持っているものではなくて、当然、日本の法令が原則として適用になる。ただ、米軍が施設・区域を使用している間は、これを使用するにあたり、必要などういう措置がとられるかは協定に定め、その協定に従って、米側は措置をとることができる。しかし原則として、当然、日本の主権、統治権下にあり、日本の法令が適用になる。（衆議院日米安保条約特別委員会議録第三三号二九頁。傍点、筆者）

森治樹外務省アメリカ局長、一九六〇年六月一二日、参議院安全保障条約特別委員会

今度の協定では、日本側がまず必要な措置を法令の範囲内においてとる、そうしてアメリカ側も権能を有しているけれども、その権能の行使にあたっては、必要に応じてでなく、常に日本側と協議の上とらなくちゃいけないことになっている。従って、施設外においては、大いに従来と実体的な相違がある。（参議院日米安保条約等特別委員会議事録第七号一八頁）

山内一夫内閣法制局長官「施設及び区域――いわゆる地位協定の問題点」

合衆国軍隊は、施設および区域について排他的使用権を有するけれども、日本国の法令は、施設および区域でも、適用を否定されるわけではない。（『時の法令』一九六〇年八月一三日三六〇号二二頁）

米軍機の低空飛行訓練についても、日米安保条約・地位協定のもとでも許されないと、政府は一九六〇年の安保国会で答弁した。

赤城宗徳防衛庁長官、一九六〇年五月一一日、衆議院日米安全保障条約特別委員会

米軍は上空に対しても、その区域内で演習する。こういう取り決めとなっている。（衆議院日米安保特別委員会議録第三三号一六頁）

丸山佶《ただし》調達庁長官、一九六〇年五月一一日、同前

「空軍の演習の場合には、防衛庁長官が答えた通り、演習区域というものを指定している。したがって、その演習は、その上空においてのみ行われることになる」（同前）

国内法遵守による戦車輸送阻止事件

当然のことだが、米軍も、日本の道路を通行する時は道路法規を守らなければならない。この当然のことを示したのが、一九七二年に起きた米軍戦車輸送阻止事件だった。

ベトナム戦争中の一九七二年八月五日未明、神奈川県相模補給廠で修理され、再びベトナムに送られる米軍戦車を積載した大型輸送車が、横浜港近くの村雨橋でデモ隊によって阻止された。輸送車は道路法が定める重量制限を超過していた。

◆一九七二年八月五日午前七時五三分、インガソル駐日大使からロジャース国務長官へ、緊急、公電番号〇八三四七、秘密

外務省によれば、デモ隊は米陸軍が日本の道路法規を守っていないと主張してその行動を正当化しているので、日本の警察はデモ隊を取り締まっていない。とくに社会党はアメリカの戦車輸送車が横浜市の許可を受けずに市内の道路、橋梁を使用していると非難している。改正された法規によれば、二〇トンを超える車両はすべて許可を必要としている。

外務省は、地位協定合意議事録第五条四項、地位協定第一六条により、米軍には法令遵守義務があるとしている。

他方、在日米陸軍は米軍の戦車を含む車両が港湾に移動するための公道使用を、地位協定第五条が保障しており、米軍の移動を制限しない限りで日本の国内法を遵守するが、米軍は地位協定第五条が国内法に優先すると考えている。(5)

この一九七二年の時点では、外務省も地位協定合意議事録を根拠に、米軍は日本の法令を守る義務があるといわざるをえなかった。

一九六〇年一月一九日に、日米政府が地位協定とともに調印した合意議事録は、第五条に関

して「日本の法律及び規則が適用される」と明記している。地位協定第一六条は、米軍の構成員、軍属、家族が日本の法令を尊重することを義務づけている。道路法第四七条は「車両でその幅、重量、高さ、長さ又は最小回転半径が前項の政令で定める最高限度をこえるものは、道路を通行させてはならない」と定めている。車両の国籍や持ち主には関係がなく、これを守らなければ事故が起き、あるいは道路が陥没などにより破壊されるからである。

七二年八月六日午後三時、車両輸送部隊は相模補給廠に引き返した。(6)

二日後の八月八日の衆議院内閣委員会では、増原恵吉防衛庁長官が「米軍の行動の自由も、もとより国内法を遵守するという前提の上で行うべきである」と表明。大平正芳外相は「国内法の制約を心得てやっていただかなければならない。それを米軍側に十分ご理解いただき適正に事を運んでいただかなければならない」(衆議院内閣委員会議録第二号一九七三年八月八日一六頁)とそれぞれ答弁した。

インガソル駐日大使は同日の秘密公電で、この外務、防衛両相の答弁を国務長官に報告した。その一方で、駐日米大使館は、戦車の期日内の船積みを実行するために、警察がデモ隊を排除し、米軍車両が「自由に出入り」(free access)することを保障せよと、要旨次のように、日本の外務省に要求した。ワシントンからの厳命であった。

◆米東部時間一九七二年八月七日午後一〇時、ロジャーズ国務長官から駐日大使館へ、国務・国防両省共同メッセージ、公電番号一四二九六六、主題：横浜ノース・ピアのデモ、秘密〔ノース・ピアは横浜港の米軍専用埠頭〕

日本政府の最高レベルに次のことを伝えよ。

1．ノース・ピア地域での紛争拡大を回避し、アメリカ政府の基本的立場が変わったと受け取られてはならない。

2．日本政府は地位協定の下で米軍用車両（装甲部隊を含む）が日本国内の米軍施設及び区域に出入りし移動できるように保障しなければならない。我々は当然、安保条約の合理的手続によりこれを行使する。

3．合意議事録第五条第四項により法令を適用する可能性は認めるとしても、地位協定第五条のもとで与えられている港湾施設への出入りを妨げる制限は許されない。(7)

（引用者注　この公電にある「合意議事録第五条第四項」をはじめ安保条約、地位協定など関連取り決めの法的諸問題はあとで詳しく見る。）

大平正芳外相の〝二枚舌〟

大平外相は八月二三日になっても、「米軍の基地施設間の移動についても国内法を順守していく、国内法上の手続きに従っていくということでないといけない。こういう問題が出てきたからといって、国内法令の改正というようなことに手を染めるべきでないと考えている」と重ねて答弁した（衆議院内閣委員会会議録第二号三五頁）。

一方で、大平外相は八月一〇日、インガソル大使に戦車搬送に問題が起きたことを謝罪した。インガソルは同日の秘密公電で、大平は次のように述べたと国務長官に報告した。

「地位協定のもとでアメリカの軍用車両が日本国内のアメリカの施設から港に出入りし、施設の間を移動できるようにする責任を日本政府が負っている」（一九七二年八月一〇日午後九時、インガソルから国務省へ、公電番号〇八五四二、秘密）

このように大平の国会答弁と矛盾する意見は、インガソルの公電によって、国務長官はもちろん国防総省、統合参謀本部、太平洋軍司令部、太平洋陸軍司令部、在日米軍司令部、在日陸軍司令部など、アメリカの関係する政府・軍当局すべてに伝えられた。しかし、日本国民には公表されなかった。

戦車は輸送できたが

アメリカ政府がこの問題で日本政府に求めたのは、ベトナムの戦場への戦車を輸送できるように戦車輸送車両を通せということだけではなかった。アメリカ政府は日本の法令・規則がどうであれ、米軍の「自由出入り」(free access)、「自由移動」(free movement) の権利を保障せよと要求したのである。

それまでも、米軍太平洋軍司令部、在日米軍司令部は日本国内におけるそうした行動の自由を要求してインガソルと協議してきた。戦車輸送阻止事件直前の一九七二年八月一日にはグラハム在日米軍司令官とインガソル大使の間で地位協定にもとづく日米合同委員会の米側政治軍事代表が日本政府に問題を提起することで合意していた。(一九七二年八月一〇日、駐日大使館から国務省へ、公電番号〇八一六四、添付:合同委員会に関する在日米軍司令官と駐日大使館の協力手続に関する了解覚書)(8)

◆一九七二年八月二五日、国防総省ケネス・ラッシュからアーウィン国務次官補へ、極秘

我々は地位協定が装備や車両(装甲車両を含む)が基地に自由に出入り (free access) す

ることを認めていると主張し、大使館も圧力をかけてきたが、今日まで日本政府は解決できていない。ベトナム情勢は戦車輸送を必要としている。自由に出入り（free access）する原則を確保することが戦車輸送以上に重要である。だから、日本政府が通過を許容するよう地方政府とうまくやるまでは戦車を相模［補給廠］に置いてきた。(9)

このアメリカの圧力に屈して、田中角栄内閣は一九七二年一〇月一七日、車両制限令を変更し、重量制限オーバーの米軍戦車の通行ができるようにした。一九七二年一一月、相模補給廠で修理された米軍M48戦車五二台はダナン、クイニョン、ニューポートなどに到着、ベトナム各地の戦場に送られた。

しかし政令改悪による道路法違反の戦車輸送は間もなくストップした。翌七三年三月二一日、横浜市は村雨橋を補強し、米軍戦車の通行は合法化され、相模補給廠―横浜港間の戦車輸送は四カ月ぶりに再開した。しかし安保条約・地位協定のもとで米軍に国内法は適用されないという法律無視は通用しなかった。同年九月、逗子市の池子弾薬庫から横須賀浦郷へ米軍の弾薬を輸送した業者は火薬類取締法違反容疑で取り調べを受けた。

◆一九七二年一〇月五日、覚書、トーマス・ジョンソン東アジア法律顧問から同日本部

ジェームズ・シンへ、主題：日本における米装甲車両移動の限界、部外秘

覚書の見解についてのコメントを要請された。結論は次の通りである。

問題：（1）米軍は、施設・区域および在日米軍の地位に関して、一九六〇年の安保条約下の協定に反する日本の法令に従う義務はない、としてよいか。

（2）相模補給廠・横浜港間の米軍戦車の移動に対して日本政府は、一九六〇年の地位協定の条項に違反せずに重量制限により干渉や制限はできない、としてよいか。

結論：地位協定の条項に反する日本の法令に従う義務はないということには、一般的命題として同意できない。協定は日本に一定の義務を課しており、これに反する法律の制定や執行は協定違反になるかもしれないが、特に協定に明記しない限り、米軍は協定のもとであらゆる日本の法令に従う義務がある。（中略）

一九六〇年地位協定第五条第二項は軍事施設への出入りや移動を許可することを日本政府に義務づけてはいるが、日本政府が「自由な移動」を保障しているといわれるような義務はない。(10)

このように、一九七二年当時は、米国務省の法律顧問も、地位協定第五条によっては、米軍が日本の法令を無視して、基地と基地を自由に移動することはできないこと、同条はそのような保

障をしていないことを明瞭に認識していたのである。

一九七〇年代から強まる米軍による法規無視の要求

戦車輸送阻止事件で衝撃を受けたアメリカ政府は、田中内閣への圧力を強めることによって巻き返しに出た。

ニクソン政権は、一九七二年八月三一日と九月一日にハワイ・ホノルルのクイリマホテルで行われた日米首脳会談を、日本の法令にとらわれない米軍の権利を認めさせる重要な機会と位置づけていた。キッシンジャー大統領補佐官は同年六月の自らの訪日を踏まえ、大量の文書を作成して首脳会談の準備をしたが、その中心はアジア・太平洋における米軍の軍事作戦とそのための基地と行動の自由を確保することにあった。首脳会談前日の機密覚書では、日本が核の傘に依存する以上は米軍の行動を保障すべきだと書いた。

◇一九七二年八月二九日、覚書、キッシンジャーからニクソンへ、主題：ホノルルにおける八月三一日、九月一日の田中首相との会談、機密

ホノルル会談の目的の一つは日米同盟を再確認することである。田中が同意する一般的目的としてだけでなく、双方の持続可能な具体的貢献が必要な関係として。我々が核の保護を強化する一方で、日本はアメリカが日本の基地を使えるようにしなければならない。(11)

首脳会談では、米軍戦車阻止事件が日本における米軍活動の自由をいかに保障するかという角度から取り上げられた。つづいて二日後、同じクイリマホテルで日米の外交責任者による会談が行われる。

◇一九七二年八月三一日、会話覚書、ハワイ・クイリマホテル、主題：日本道路システムに関する米軍重装備の移動、秘密

出席者：米側はジョンソン国務次官、インガソル駐日大使が、日本側は大平外相、鶴見外務次官、牛場駐米大使、大河原局長が出席した。

ジョンソンは、大統領と国務長官がこの問題の解決を強く望んでいることをお知らせしたい、そして、私はあなた方が精力的に取り組んでいること、この問題の解決が在日米軍の今後にとって極めて重要であることを知っていると述べた。(12)

大平外相は首脳会談後の記者会見で「安保条約の運営については、在日米軍基地の機能が円滑

に保障される状態でなければならない」と述べた。

一方、レアード国防長官も一九七二年九月一二日、首脳会談を受けてロジャーズ国務長官に極秘書簡を送り、米軍車両が基地と港湾の間を自由に移動する権利を確保することが必要であると指摘した。そのうえで、レアードは、「日本が安保条約の利益を共有したいのであれば、相模補給廠に対するデモ隊の妨害行動をやめさせなければならない。そうしてこそ、ホノルル首脳会談で確認したように、ニクソンと田中は良好な関係を維持できる」と強調した。(13)

国務省のアレクシス・ジョンソン次官は一〇月三日のレアードへの返書で、インガソル大使が地方当局の妨害を許さないよう日本政府の「最高レベル」に要求したとし、日本政府が手をゆるめるなら、さらに重大な措置をとることをためらわないと約束した。(14)

首脳会談から間もない七二年一〇月に大平外相は訪米し、大統領、国務長官と会談した。そして帰国後、ガイラー太平洋軍司令官と会談するなどして、首脳会談の誓約を実行することを保障した。

◘一九七二年一〇月二一日、ロジャーズ国務長官からリチャード・エリクソン国務省東アジア局日本部長へ、公電番号一九二七四二、秘密大平は一〇月一八日、ニクソン大統領との会談後に、大河原アメリカ局長らとともに国務省を訪れた。（中略）大平は、国内で野党［当時は主に社会党、共産党をさす］が安保条約反対の行動を強めていることに言及したが、日本政府と自民党は責任あるやり方で対処し、条約の実行に関してアメリカに心配をかけないと保証した。大平は、都市化が米軍基地に対する反対論をもたらし、野党が［米軍基地撤去を］綱領にまで書き込んでいることにもふれて、日本政府は責任ある方法で対米誓約を忠実に守り、野党勢力との主な対立の要因にならないようにしなければならないと述べた。(15)

◆一九七二年一〇月二六日、インガソルから国務長官へ、公電番号一一四四三、秘密

ガイラー太平洋軍司令官は一〇月二六日午前、大平外相を訪問した。（中略）大平は、日本国内の米軍基地が日本だけでなく、全地域の安全維持に重要な役割を果たしているという認識に同意した。彼はこの文脈で米軍による日本の基地の効果的な使用をいかに維持するかを考えないと、日本、韓国、台湾との各二国間安保協定も効果的に機能しないと認めた。

（中略）

ガイラーは大平との会談で、米軍機の騒音問題などについて、日本政府が国内の政治的困難に直面しながらも、米軍基地が効果的に機能することを許容する確固たる措置をとっていることに謝意を表明した(16)。

ガイラーは同日、増原防衛庁長官を訪問、増原もまた「米軍基地の効果的使用を確保するために、日本政府は最大のことをする」と確認した。(17)

「安保の限界を超える」ための密談

アメリカ政府の巻き返しは一九七三年に入るとさらに本格化し、具体化した。ロジャーズ国務長官は七三年一月一二日、エリクソン日本部長を通じインガソルに対して、「統合参謀本部との議論」と題する極秘書簡を送り、戦車阻止事件では、日本政府は時間がたてば解決するとしていたのであり、「危機に際して日本政府は、反対派に打ち勝ち安保条約の義務に合わせなければならない」と要求した。(18)

日本の国内法規に制約されない米軍活動を保障するための日米両政府の協議は、日米安保運用協議会(SCG・Security Consultant Group)を舞台に進んだ。

安保運用協議会(SCG)には、外交当局者だけでなく、日本側は統幕議長、米側からは在日米軍司令官及び参謀長、駐日米大使館の軍事担当参事官ら軍事当局者が参加した。戦車阻止事件のような障害を排除し、米軍の「円滑かつ効果的」な活動を保障するとともに、一部米軍基地の自衛隊基地への移管、その日米共同使用を通じて、安保条約第五条にもとづく日米共同作戦体制の具体化、日米軍事一体化を進めるための日米協議機関でもあった。

ＳＣＧの設置は七三年一月一九日の大平・インガソル会談で合意したが、正式には同二三日の安保協議委員会（ＳＣＣ）第一四回委員会で「安保問題の議論における安保条約の定められた限界を超える極端に微妙な政治問題」（七二年一二月五日付ジョンソン国務次官から駐日大使館へ、番号二二〇二一、極秘）を討議する機関として設置された。(19)

田中首相、大平外相はインガソルとの数度にわたる非公式の会談を通じて、「米軍基地の必要性を含む安保条約の価値を擁護するために攻勢的態度をとる意志を明確かつ明白に表明した」（一九七三年一月二四日、インガソルから国務長官へ、公電番号〇八五四、極秘）。(20)

七三年五月の第二回安保運用協議会でアメリカ側は、米軍基地に対する地方当局の抵抗をただ排除すればよいということではなく、米軍基地が担うべき軍事戦略をいかに認識するかという観点から、基地を自由に使用できる体制の強化を求めた。これに対して大河原アメリカ局長は全面的に賛意を表明し、「米軍施設及び区域の戦略的重要性について日本政府がこれまで認めてきた以上のことを求めるアメリカ政府の要求に完全に同意する」と述べた。この会議をはじめその後の協議会では、「秘密厳守」が繰り返し確認された。（七三年五月一七日、インガソルから国務長官へ、公電番号〇六一六五、秘密）(21)

日本の平和、安全とともに国民の権利や生活に密接な関係のある日米関係の協議を、両国の軍事部門からも参加し、完全な秘密のもとに置いたところに、この協議会の重大な意味があった。しかし、ＳＣＧの議論は、日本では「関東地域の米軍基地の統合・返還を協議」などと、基地削減のための日米協議であるかのように報じられた。

駐留米軍と基地の強化へ、日米両政府間の合意がこのように進展したのをうけて、国務省は国防総省の要求をいれてその具体化に着手した。同年三月の東アジア局のエリクソン日本部長がまとめた次の文書はその一つである。アメリカが安保条約・地位協定の文言は変えないで、ベトナム戦争後のアジア支配態勢構築のために米軍基地を再編強化する青写真がここに示されている。文書は、中央情報局、国防総省、国家安全保障会議、国際開発局、国務省の各部門など関係するすべての政府機関と当局者に送付された。

◆一九七三年三月一二日、エリクソン文書、極秘

2　安全保障関係［1　経済関係は略］

a．現在の相互安全保障条約を修正せずに続けることを許容する。［内容略］

b．重要な基地機能を維持しつつ、米軍基地構造と基地使用の手直しを漸進的にすすめ、基地に対する不満の本質的原因を減らすことにより、日本における米国の立場を引き続き強固にし強化する。

背景　日本政府は安全保障に対する米軍駐留の重要性を認識している。基地問題に関する政治的圧力に対して脆弱であることも感じている。（中略）

評価　実質的基地統合方法、すなわち関東統合計画〔関東地方の米軍基地の整理・統合計画〕は昨年までに合意されている。海軍と海兵隊の飛行活動は那覇飛行場から移し、幾つかの陸軍施設は返還する。空母ミッドウエーの横須賀配備、相模原戦車修理施設から東南アジアへの重戦闘車両輸送、さらに原子力と通常艦船の常時かつ積極的な寄港に日本政府の協力を引き出すことに成功した。安保運用協議会設立は安保分野における協議機関に新たな有望な要素を加えた。

実行方針

(1)日本国内とくに沖縄におけるアメリカの軍事的機能を強固にする三軍〔空、海、海兵〕の軍務の包括的計画を発展させる。

(2)陸軍兵站支援と海兵隊戦闘部隊を日本国内に前進配備する長期的必要条件を米政府内で調査する。

(3)再進入・緊急配置協定により緊急事態に対応する長期的能力を米政府内で検討する。

(4)施設と訓練区域の共同使用のための取り決めを可能な限り拡大してむすぶ。
(5)国連軍地位協定が朝鮮半島政策にとって重要である限り、在日空軍派遣とタイ陸軍派遣協力を確保する。
(6)原子力及び通常艦船の引き続く寄港、原子力空母、水上艦船停泊に対する制限の緩和を含め定期的寄港を受け入れるよう引き続き日本政府を動かす。
(7)基地使用と基地への出入りを制限しないよう日本政府に求めつつ、安保運用協議会または他の適切な機関で事前協議取り決めの議論を準備する。
(8)米軍施設の地方被雇用者の割合に応じて日本政府に在日米軍追加的財政支援を要求することを検討する。(22)

以上は、基地の「円滑かつ効果的機能」を保障することを日本政府に約束させたうえに立って、ベトナム戦争後の世界戦略に必要な基地使用のあり方を描いた青写真である。ここには、基地の日米共同使用、米空母の横須賀母港化、沖縄基地の包括的機能強化、海兵隊戦闘部隊の長期的配備、基地への無制限の出入りなど、現在につながる基地強化の基本的問題が書かれている。この文書を作成したエリクソンは、七二年八月一日―九月一日のホノルル・クイリマホテルで行われた日米首脳会談で、田中・ニクソンの極秘の話し合いを含めて出席していた。

米国務省では、米軍の駐留がアジア太平洋地域の安全に不可欠であるとの認識に立って、米軍の行動の自由を保障するための新たな枠組み作りが始まった。国務省を中心に国防総省、国家安全保障会議、中央情報局など関係各省・各部門を網羅した東アジア関係省庁作業グループが組織された。

このあと、タッチ・アンド・ゴーと称する空母艦載機の厚木基地での離着陸訓練をはじめ米軍機の低空飛行訓練はますます激しくなる。

国会で野党議員からその〝法的根拠〟を追及された日本政府は、基地への出入りや基地間の移動に関する地位協定第五条を拡大解釈して、米軍機の低空飛行訓練から、さらに空母艦載機の夜間離着陸訓練の正当化をはかるまでになった。

◆岡本行夫外務省北米局安全保障課長、一九八六年五月一六日、衆議院決算委員会

地位協定の第五条は、米軍に対して、地位協定上出入りを必要とする民間飛行場への出入りを認めている。したがって、その前提として、最小限必要とされる慣熟飛行として、タッチ・アンド・ゴーを行うこと、このことは地位協定で米軍に認められた権限の範囲内である。

（衆議院決算委員会議事録第八号一九頁）

3. 地位協定第五条の過去と現在

第五条の本文を読む

次に、日本各地で甚大な被害をもたらしているタッチ・アンド・ゴーを含む米軍機の低空飛行訓練などについて、日本政府が条約上の根拠としている日米地位協定第五条は何を定めているのかをみよう。

それははたして、岡本行夫安保課長が国会答弁で述べたように、米軍機のタッチ・アンド・ゴーまで認めているのだろうか。

第五条第一項の条文は次の通りである。

日米相互協力及び安全保障条約第六条に基づく施設及び区域並びに日本国における合衆国軍隊

の地位に関する協定第五条（外務省条約局『二国間条約集』（改訂版）一九六二年九月三九五頁）

第一項（前段）

合衆国及び合衆国以外の国の船舶及び航空機で、合衆国によって、合衆国のために又は合衆国の管理の下に公の目的で運航されるものは、入港料又は着陸料を課されないで日本国の港又は飛行場に出入りすることができる。

英文は次の通り。

United States and foreign vessels and aircraft operated by, for, or under the control of the United States for official purposes shall be accorded access to any port or airport of Japan free from toll or landing charges.

（TIAS 4509;11UST.U.S.Government Printing Office, Page3）

第二項（前段）

第一項に掲げる船舶及び航空機、合衆国政府所有の車両（機甲車両を含む）並びに合衆国軍隊の構成員及び軍属並びにそれらの家族は、合衆国軍隊が使用している施設及び区域に出入し、これらのものの間を移動し、及びこれらのものと日本国の港又は飛行場との間を移動することができる。

外務省はこれらの条文を、①米艦船、米軍機は日本の港湾、空港に自由に入港、着陸できる、車両や米軍人・軍属・家族は基地と基地の間、基地と港湾・飛行場を自由に移動できる。②そのさいの入港料・着陸料、通行料は無料とする、という意味に読むのであるが、条文の解釈は、時どきの政府の都合に合わせるのではなく、その条項がどのような意味をもって制定されたのか、ということをまず見なければならない。

米軍地位協定第五条のこの文言は、一九五二年二月二八日に東京で調印された日米行政協定の第五条をそのまま引き継いだものである。

この日米行政協定は国会審議にかけられなかった。それを引き継ぐ米軍地位協定も一九六〇年の安保国会で批准されたことにはなっているが、これも実際はほとんど審議されなかった。

改定安保条約・地位協定を審議していた衆議院安保特別委員会は一九六〇年五月一九日一二時三七分に質疑が突然打ち切られた。同委員会議事録は同日二二時二五分、「議場騒然、聴取不能」と記しているだけである（衆議院日米安保条約特別委員会議録一九六〇年五月一九日一三頁）。直後の午前零時直前、本会議場に導入された警官隊が野党議員をごぼう抜きに排除して会期延長を議決し、未明に日米安保条約、米軍地位協定を議決したということになっている。そして参議院では議決なしで六月二三日に〝自然成立〟したとされている。

このため、地位協定第五条の意味を正確に知るためには、一九五二年にさかのぼって見る必要がある。米公文書館には、この交渉の詳細な記録が保存されている。

公文書にみる第五条制定の過程

日米行政協定交渉は、平和条約と安保条約の調印から約三カ月後、一九五二年一月二九日から東京で行われた。日本側責任者は岡崎勝男外相、米側はラスク国務次官補である。一〇回の全体会議と一六回の非公式協議を経て、同年二月二八日に調印された。

米公文書館では、この行政協定交渉の記録は国務省のファイルではなく、統合参謀本部のファイルに「極秘・安全保障情報」として保管されている。米占領軍総司令部から極東米軍経由で統合参謀本部に届けられたからである。十分に整理されておらず、毎回の交渉記録が順不同で無造作に入れられていた。

公文書館の秘密解禁文書によると、行政協定第五条に関する交渉経過は次の通りである。

アメリカは、交渉開始に先立つ一九五一年一二月一二日に日本側に行政協定の案文を提示した。そこでは、第五条は「施設及び区域と港湾の間を陸海空により自由に出入り(free access)し、移動することができる」と述べていた。英文は次の通り。

shall be accorded free access to and movement by land and sea or air between ports and the facilities and areas.

すなわち、「自由に出入りできる」（free access）と書いて、米艦船、米軍航空機が無制限に出入りする権利、米軍車両が無制限に移動する権利をうたっていたのである。これは米側が交渉開始直前の一九五二年一月二三日に作成し、二四日にリッジウェイ占領軍総司令官が吉田首相に提示したのと同じ文言である。外務省の翻訳も「自由に出入り」（自由に移動する）となっていた。

◇「集団的自衛のために締結した協定の規定を実施するための行政協定案」和訳文一九五二年一月二三日

「合衆国の公有船舶並びに合衆国の軍隊、陸海軍航空機及び政府所有の車両（機甲車両を含む。）は、領水を含む日本国内の港並びに合衆国の施設及び区域に陸路、空路及び海路によって自由に出入りし、且つ、これらの間を自由に移動することを許される。」（一九八七年一二月一日外務省第九回公開文書）（傍線は引用者）

では、その後、「自由に出入り」「自由に移動」は交渉をつうじて、どうなったか。結論を先に示すと、交渉がまとまり調印される二日前に、まず日本の法令が適用されることが確認され、そのうえで「自由に出入り」「自由に移動」の「自由に」が削除された。

◇一九五二年二月二六日、第一〇回行政協定交渉合同委員会公式議事録

第五条

岡崎氏は次の通り声明した。日本政府は第五条に関して次の通り了解した。

（a）ここで言う日本の港湾とは通常の開港［筆者注・外国貿易のために開放された港］を意味する。

（b）適当な通告の除外は米国軍用艦船の安全に必要なまたは同様の理由による例外的な場合だけである。

（c）本条に特に明記する場合を除き、日本の法律及び規則が適用される。

ラスク氏は「この了解事項は、合衆国政府が受け入れられることを確認する」と述べた。

ラスク氏はまた「協定第五条二項に関して、施設・区域の出入りおよびその間の移動は入港料その他の料金を無料とすることが合衆国の理解である」と述べた。

岡崎氏は「同意できる」と述べた。(23)

基地と港の間の移動についても、米側は固執せず、日本の法令に従うのはもちろん、日本の同意が必要であることを認めていたのである。

米軍占領下、「占領終結」「独立」を条件に、事実上の占領状態継続という屈辱的な米軍駐留と基地の存続を押しつけられた行政協定交渉であったにもかかわらず、第五条の港湾・空港への出入り、基地への出入りに関する限り、ラスクは譲歩したのであった。

根本には事実上の占領状態が続くことに対する日本国民の激しい怒りがあったが、それはあとで見ることにして、日米行政協定第五条に関する交渉の経過は次の通りである。

行政協定交渉の記録の中で、第五条に関する記述は、一九五二年二月七日に早くも出てくるが、翌八日の第七回会合では、第五条に関して、free access から、access の前の free を削除することが合意された。

この結果、条文は「入港料及び空港使用料を課せられないで日本国の港または飛行場に出入りする権利を与えられる」という現在の地位協定と同じ表現になった。そして、同日の第七回会議で、日本の港湾の間の「自由な移動」を削除するという日本側提案が議論され、米側も同意した。

第五条のタイトルについても、米側提案では「第五条、通過特権」となっていたが、「特権」の文言が削除され、「第五条―通過」となり、さらに「表題をつけることが好ましいのか」と、

米側から疑義が出されて、結局、行政協定の各条項には表題がつけられないことになった。(24)

こうして、当初、米側草案にあった「港湾・空港に自由に出入り（free access to port)」は変更されて、「入港料や着陸料は無料で出入り（access to any port free from toll)」となり、「特権」も削除された。

また第二項に関して、ラスクは同年二月二七日にも、「施設及び区域の間、施設及び区域と港湾の間の米軍の自由な出入りと陸上移動では、日本側の同意に関して我々は固執しなかった」と述べた。

またこの日の議事録には、日本側の理解として文書Bが添付され、そこでは「この条にとくに別に記述されるものを除いては、日本国の法律及び規則が遵守される」と述べている。二月二六日の議事録が日米間の合意にもとづく根拠のあるものであることを裏づけるものである。(25)

ラスク・レポート

米統合参謀本部のファイルには、行政協定交渉に関するもう一つの重要な文書が保管されている。ラスクが行政協定交渉の準備段階から交渉の全経過を通じて作成していた詳細な報告書である。ラスク・レポートと呼ばれるこの文書は、占領軍総司令官政治顧問のシーボルトが点検・承認したうえで、国務、国防両省にそのつど送られていた。

ラスク・レポート第一五号（一九五二年二月八日）では、行政協定第五条について、本日の第七回会議で、タイトルは「通過」とすることで合意したとし、第一項、第二項を「自由に出入り」「自由に移動」ではなく「出入り」「移動」とした条文を明記したうえで、「上記了解は極東軍司令部の海軍代表が同意したものである」と明記し、総務幕僚ワーデン大佐が署名し、占領軍総司令部外交部主任としてシーボルトが承認したと記されている。

日本の法令に従うということ、そして、「自由に出入り」ではなく、入港料その他の料金だけがfree（無料）であるということは、米軍部も占領軍総司令部も受け入れていたのである。(26)

こうして行政協定をそのまま引き継いだ地位協定の第五条は、「自由な出入り」「自由な移動」はなく、たんなる「出入り」「移動」となった。


このような経過があって、一九六〇年一月一九日にワシントンで現行安保条約・地位協定とともに調印された地位協定の合意議事録には、第五条に関して「この条に定めのある場合を除くほか、日本国の法令が適用される」と明記された。これは一九五二年二月二六日の第一〇回合同委員会で合意し、ラスクが「米国政府が受けいれられることを確認する」と述べたのを、地位協定の合意議事録において、第五条に関しての第四項で、文書として確認したものである。

◆米軍地位協定合意議事録（一九六〇年一月一九日、ワシントンで調印）

第五条に関して

（1〜3　略）

4　この条に特に定めのある場合を除くほか、日本国の法令が適用される。

（外務省条約局『二国間条約集』一九六二年九月、四四九頁）

これにより、米軍艦船の入港、航空機の着陸、軍用車両の通航すべてについて米軍は日本の法令を遵守するのが当然であり、まして、米軍機の低空飛行訓練やタッチ・アンド・ゴーが許されないことは明らかと言わねばならない。

神戸港が米艦船に非核証明を要求している根拠

以上、地位協定第五条の制定過程に見る通り、米軍航空機や米艦船の自由な着陸や入港は認められていない。そして、その効力は今も生きている。

神戸港を例にとって見よう。神戸港は米軍が第六突堤に居座り軍事基地として使用したが、長年にわたる港湾労働者をはじめ神戸市民のねばりづよい返還闘争によって全面返還が実現した。

その後、神戸市は「神戸市港湾施設条例」を制定し、第二条では「港湾施設を利用しようとする者は、市長の許可を受けなければならない」と定めている。この条例にもとづいて、神戸市議会は一九七五年三月一八日に「核兵器積載艦船の神戸港入港拒否に関する決議」を全会一致で採択した。決議は「この港に核兵器がもちこまれることがあるとすれば、港湾機能はもとより、市民の不安と混乱は想像に難くないものがある」と述べている。これにより神戸市は神戸港に入港する外国艦船に対して核兵器を積載していない旨の証明書の提出を求めている。いわゆる「神戸方式」である。

このようなたたかいは、神戸港にかぎらず全国どこの港湾でもあったのである。実際、港を米軍の基地として確保しようとした米側のくわだては、港湾の平和な発展を求める日本の世論と運動の頑強な抵抗にあった。それこそが、港湾の軍事利用を阻み、自治体の管理する商業港として発展させてゆく原動力だった。

日本の港湾はその多くが都道府県、市町村の管理のもとにあるが、多くの地方自治体では核兵器廃絶を求め、核兵器の持ち込みを拒否する住民の意向を反映して非核都市宣言や非核港湾宣言をしており、米軍艦船については核兵器積載の可能性があるため、その入港に際しては非核証明書の提出を求める動きが一九八〇年代以降に強まった。

ところが政府は、一九八〇年代に入ると、各自治体に対して外務省が通達を出し、米軍艦船の入港を無条件で受け入れるよう強要するようになった。政府みずからが地位協定第五条の本旨をねじ曲げることによって、アメリカの艦船を商業港に強引に入港させるよう要求したのである。

函館市では、市議会が一九八二年一〇月七日に「核兵器廃絶非核都市宣言」決議を採択し、市当局は一九八四年八月六日から米軍艦船に対して非核証明の提出を求めることを検討した。これに対して外務省は一九八七年五月一二日、「安保条約及びその関連取極に基づき我が国へ出入を認められている米軍艦船の本邦寄港は、支障なしに実施されるべきものである」とする北米局安全保障課長名の文書を函館市長に送った。

高知県も、米軍艦船に非核証明書の提出を求めることを検討したが、外務省は一九九八年一二月二八日、「港湾管理者としての地位に基づく権能の範囲を逸脱するものであって、地方公共団体の事務としては許されない」とする北米局長名の通達を送った。

このほか多くの自治体が神戸方式の導入を検討し、あるいは米艦船寄港拒否を表明したが、政府はそのつど「米艦船の入港許可は政府の専管事項である」とする通達を出して、米軍艦船の受け入れを強要している。このため、いまでは米艦船寄港は、北海道の稚内から沖縄県の石垣島、与那国島まで日本列島のほとんどに及んでいる。

沖縄県の石垣島では、二〇〇九年四月に港湾管理者である石垣市長が入港を断っているにもかかわらず、米掃海艇二隻が入港を強行した。二〇一〇年二月に同市を訪れた私に、石垣市企画部長は「米兵たちは上陸を強行し島内各地を撮影してまわった。台湾海峡などの戦争で傷病兵看護の後方基地にするつもりだ」と語った。

一九六〇年当時は政府も自由入港を否定していた

しかし、港湾については、先に見たように、地位協定第五条によっても、米艦船の自由な入港は認められていない。加えて憲法上の重要な定めがある。それは、港湾管理が憲法、地方自治法、港湾法により地方自治体にゆだねられていることである。

憲法は、地方自治を重要な原則の一つとし、「地方自治の本旨に基づいて」（九二条）、「地方公共団体は、その財産を管理し、事務を処理し、及び行政を執行する権能を有し、法律の範囲内で条例を制定することができる」（九四条）と定めている。

また港湾法は、地方自治体が「水域施設の使用に関し必要な規制を行うこと」などを港湾管理者の業務として定めている（第一二条）。

地方自治体は、すべての港湾施設について、政府に干渉されずに、管理権を行使することができるのである。

このように憲法とそれにもとづく法令の定めからしても、アメリカの艦船を含めて、入港を許可するのも、しないのも、港湾管理者である自治体の権限に属することは当然である。

したがって、政府自身も国会で、米軍艦船も港湾管理者の許可を得なければならないと答弁してきた。日本は日米安保条約により米軍の駐留と基地を認め、米軍人や軍属、家族が自由に入出国する権利を与えているが、日本国内では日本政府が施政権をもっており、港湾についても国内法にもとづき許可をして入港はさせても、アメリカはそれ以上の権利を持っているわけではないとしていたのである。

藤山愛一郎外相「一般に外国の軍艦が入ってくるというようなことは、これは通常開港でもあるわけだが、今のような安全保障条約の目的として、そういうことは考えられない。」（一九六〇年五月一九日、衆議院日米安全保障条約特別委員会議事録第三七号一三頁）

松野頼三防衛庁長官「基地管理者が米軍の主管、米軍の使用、専用という主体のもとにおかれた場合に、基地という制限をきめている。したがって、一般の商港に入る場合には、その商港の便宜、あるいは管理者との協定、あるいは承諾のもとにこれを使用する」（一九六六年二月一八日、衆議院予算委員会議事録第一七号二一頁）

竹内良夫運輸省港湾局長「港湾管理者が管理している港湾施設を米艦船が使うという場合には、港湾法上の施設の使用条例等があり、港湾管理者の許可を受けるということになる」（一九七四

年一一月七日、参議院運輸委員会会議録第四号二八頁）

一九六〇年の安保国会から一九七〇年代半ばころまで、政府がこのように答弁したのは当然である。米軍だからといって、日本の憲法、法令が適用されず、住民の苦しみも平和の願いも考えずに、米軍機の低空飛行やタッチ・アンド・ゴーを野放しにし、核兵器積載疑惑のある米軍艦船さえ無条件で入港させるというのは、まさに憲法や地方自治法を破って当然とする治外法権の論理そのものだからである。

港湾管理権が自治体に託された歴史的背景

港湾管理の権限がこのように自治体に認められているのには歴史的背景がある。

日本の港湾は、第二次大戦が終わるまでは、「富国強兵」の国策のもとで、「港湾国有の原則」にもとづいて運営されていた。港湾は国民を兵士として海外の戦地に送り出し、あるいは軍需物資を運び出す戦争の基地であった。

戦後、港湾は日本国憲法のもとで根本的に生まれ変わった。連合国最高司令官は一九四九年一二月一六日付総司令部覚書ＳＣＡＰＩＮ七〇〇九Ａで、「港湾の管理運営に関し最大限の地方自治権を与え、かつ、国家的及び地方的利益に最も適合する港湾管理主体の形態を設置又は創設する機能を地方公共団体に与える法律の制定によって補足されるべきである。」（覚書第三項）と指令した。（傍線、筆者）

当時はまだ占領下だったが、連合国軍総司令部は占領終了後、日本の港湾が再び軍事利用されてはならないと考えたのである。このため、ＳＣＡＰＩＮ七〇〇九Ａは、地方自治体が港湾管理団体を設立することを求めるとともに、「港湾管理団体が設立された時はどこでも、占領軍の要求により調達された施設はいずれの港湾でも港湾管理団体に返還される」と定めたのである。(General Headquarters Supreme Commander for the Allied Powers, APO 500, SCAPIN 7009-A, Dec.16,1949, Subject: Operation of Port Facilities and Terminal Services)

戦後、日本の港湾はすべて占領軍の管理下におかれたが、一九五二年四月二八日に平和条約が発効して日本が独立すると、米軍による管理も終わり、すべて地方自治体の管理にゆだねられるのは当然のことだった。しかし、日米政府は同日の平和条約・安保条約発効を前にして、日米合同委員会に「予備作業班」を設置し、占領軍が徴発・接収した土地や建物を安保条約下の米軍基地に衣替えするための作業を始めた。平和条約によれば、同条約発効後九〇日以内に占領軍は撤退しなければならないが、九〇日を経ても日本政府と合意していない基地もそのまま引き続き米軍が使用することを岡崎・ラスク交換公文で認めたからである。

米軍の占領を一日も早く終わらせて、憲法が全面的に実行される平和な国になることを願っていた国民にとっては、平和条約が発効しても、米軍が引き続き居座り、土地・財産は奪われて米軍基地となり、日本が再びアジアの戦争の基地となることは、まさに青天の霹靂であった。米軍駐留・基地継続に反対する闘いが全国各地に広がった。

当時、占領下に平和条約・安保条約の対米折衝にあたり、一九六〇年安保改定では賛成論を精力的に表明した西村熊雄元外務省条約局長でさえ、当時の国民の怒りを次のように書いたものである。

西村熊雄『安全保障条約論』

この交換公文は、協定発表当時、世論の大きな不満をかったものである。接収家屋や接収区域が独立回復と同時に返還されることをぎょう望［翹望］していた当時の日本人の身になってみれば、交換公文でアメリカがウンといわない限り占領軍の接収使用中の家屋や区域が無限にアメリカ軍隊によって使用される途をひらくものであるから、世人がこれを不満としたのも無理はない。

（一九五九年八月一〇日時事通信社発行九一頁）

運輸省港湾局長による「密約」の火だね

このような国民の怒りを前にして、日米両国政府は欺瞞的な方策を用いた。予備作業班は平和条約発効直前の一九五二年三月一〇日には「行政協定に基づく施設及び区域の提供について」と題する一〇項目に合意した。公文書館の平和条約ファイルに保管されている予備作業班の合意には、つぎのような文言が含まれている。

第一項　原則として、陸軍及び空軍は都市地域外に、海軍は各々その使命に合致した最小限の港湾区域に、集結する。

第七項　港湾並びに倉庫施設は出来る限り速やかに返還する。アメリカ軍隊がその補給のために必要とする港湾及び倉庫施設は、日本国の商業上の必要性と海運の発展を妨げないように十分に考慮する。(27)

ところが、公文書館の予備作業班のファイルによると、同年一二月一〇日の予備作業班商港小委員会では、当時の運輸省港湾局長が、港湾施設の「一時使用に関する追加合意」として、米艦船の「自由な入出港」を認めることを港湾施設使用に関する合同委員会に勧告することをこっそり約束していたのである（日米行政協定下の港湾施設使用に関する合同委員会への勧告、一九五二年一二月一〇日、港湾小委員会）(28)。この「密約」があとになってものをいうことになる。

地方自治体が管理する港湾にまで、米艦船が法規を無視して入港する今日の事態は、田中内閣が一九七二年に安保絶対化のアメリカの要求に屈服して、米軍に対する法令・規則の適用を曖昧にした状況のもとで、「一時的」としながらも、「自由な入出港」を認めた、この一九五二年の密約が亡霊のように復活しているのである。

行政協定は、米軍の占領下の日米交渉により結ばれただけに、米軍に占領時代の特権をそのまま明記した対米従属の条約であった。しかし、第五条に関しては、日本の占領が終わり憲法・法令が全面的に施行されるようになれば、米軍の航空機や艦船といえども、日本国内で法令・規則を守って行動するのは当たり前のことである。「料金を払わずに入港、着陸できる」とは書かれているが、法令も守らず管理者の指示にも従わず、どの港にも自由に入れるとは書いていない。有料道路を無料で通れると言っても、通行が無料になるだけであって、道路交通法も通行規則も無視して通ることはできないのと同じことである。現に米軍も法令・規則を遵守して有料道路を通っている。無料で通れるのは日本政府が米軍に代わって料金を払っているからである。

行政協定交渉において、この当たり前のことをアメリカに認めさせるためには、平和条約後も事実上の占領状態が続くことに対する日本国民の怒りと闘いがあった。そこには日本国民の強い意志があった。

いまから六〇年前の占領下に、日本国民が強大なアメリカ政府と軍部に認めさせたこの当たり前のことが通用しなくなっているところに、特権と密約でゆがめられた今日の日米関係の現実がある。

III

アメリカは
裁判権放棄の密約をやめない

1　女性をおびき寄せ射殺したジラード事件

日本に駐留する米軍人・軍属が日本国民を被害者とする罪を犯しても、「公務中」として、日本は裁判できない。日本の警察が逮捕した犯人は、アメリカ側に引き渡さなくてはならない。したがって、事件の真相が被害者やその遺族にも明らかにされない。

米軍地位協定第一七条では、「公務外」の場合は日本側に裁判権があることになっている。しかし、公務中であるかどうかの判断はアメリカ側に委ねられているうえ、日本政府は裁判権を放棄する密約をアメリカ政府と結んでいる。

その密約は一九五三年一〇月に結ばれた。先に業績の一端を紹介した新原昭治氏が二〇〇八年に非公開議事録の原文を米公文書館で発見した。三年後の一一年八月に日本政府によって開示されたが、日米合同委員会裁判権小委員会で日本側代表が署名した声明の第一項である。

「(前略) 日本の当局は通常、合衆国軍隊の構成員、軍属、あるいは米軍法下にあるそれらの家族に対し、日本にとっていちじるしく重要と考えられる事例以外については第一次裁判権を行使するつもりがないと述べることができる。（以下、略）」

この屈辱的な密約の発覚を恐れて、たまには日本側で裁判をすることはある。しかしその場合でも、事実上、犯人を〝無罪放免〟するなどで、裁判権放棄の密約がどこまでもついてくる。そのことをはっきり示したのが、一九五七年のジラード事件と一九五八年のロングプリ事件だった。

ジラード事件とは

有名な事件だが、五〇数年が経過しているので、まず事件の概要を紹介しておこう。

事件は、一九五七年一月三〇日午後、群馬県榛名《はるな》山麓の米軍相馬ヶ原演習場で起きた。米陸軍第一騎兵師団第8連隊三等特技下士官ウイリアム・S・ジラード（当時二一歳）が、薬莢《やっきょう》拾いに来ていた、坂井なか（同四六歳）を見ながら、空の薬莢をばらまいて、「ママさん、ダイジョウブ。ブラス（薬莢）タクサンネ」といって呼び寄せたうえ、突如、「ゲラル、ヒア（出ていけ）」と叫んで発砲、殺害した事件である。

相馬ヶ原演習場は、旧日本陸軍演習場を引き継いだ米軍が、一九四六年四月にさらに周辺一二八七万平方メートルを接収、同地域の住民に七二時間以内に無条件で立ち去ることを要求してつくられた。一九五二年二月の岡崎・ラスク交換公文により、米軍が占領下の接収地に日本政府の同意なく居すわった基地の一つである。周辺の農家は耕作地を取り上げられたうえ、炭俵の原料であるカヤ（茅）の副収入もなくなり、薬莢拾いに生活の糧を求めざるをえなくなった。

村民の抗議に対して、米軍は「流れ弾にあたったのだろう」と取り合わず、米軍、群馬県警ともに、狙撃者がわかっていながら公表しなかった。しかし、坂井なかと一緒に薬莢拾いをしていた村民が「なかさんは米兵に追われて逃げようとしたところを、後ろから狙い撃ちされた」と証言したことで、国民に広く知られることになった。

ジラードの所属する部隊の指揮官は一九五七年二月七日、「ジラードは射撃時に任務についていた」との公務証明書を発行し、米軍当局は第一次裁判権がアメリカ側にあると決定した。しかし、おびき寄せたうえ、恐怖におびえて逃げる女性を背後から撃つという行為は、いかなる理屈をつけても公務とは関係がない。今回もまた、安保条約と行政協定のもとで、被害者が泣き寝入りさせられていく現実に怒りが広がった。

米駐日大使館は翌二月八日午後七時の公電でジラード事件を国務省に報告した。公電は、事件が新聞のトップ・ニュースになり大きな政治問題になっているが、大使館は岸信介首相と連絡をとり、たとえ事実と状況から日本に裁判権があることがわかっていても、日本政府がそれを行使しない方法が見つかるようにすると伝えた(1)。岸首相は、事実が十分に明らかになり両国政府が全般的利益に立って問題解決へ協議する機会ができるまでは、どちらかがコメントするようなことはしないことにしようと答えたという。

駐日大使館のホーシー公使の一九五七年二月一二日午後一時の公電（部外秘）は、主任検察官が二月九日、ジラードを殺人及び殺人未遂罪で告訴するとした警察署長の犯罪通知書をキャンプ・プロボスト（相馬ケ原基地）司令官に送ったと国務省に報告した。（2）

極東米軍司令部は、ジラードの犯罪が「公務外」であることを早くから知っていた。

事実上の「無罪放免」への密約

◇一九五七年二月二六日午後六時、マッカーサー駐日大使から国務省へ、公電番号一八六九、極秘

キャンプ・プロボスト・マーシャル［相馬ヶ原演習場の米側呼称］による最近の調査報告には、日本側主張を支持し、米軍現地当局による二月七日の公務中との当初の証明書の有効性に関して極東司令部が厳重に再検討すべきとする十分な追加的データが含まれている。（3）

「公務中」を持ちこたえることが難しくなっているというのである。しかし、ジラードを日本の法廷に立たせることはできない。日本は裁判権を放棄したはずだからだ。いまさら日本に裁判させれば、今度は米国内で批判されるのは必至だ。
どうするか。米陸軍の内部では四月の終わりに次のようなやりとりがあった。

◇一九五七年四月二六日午後六時三分、米陸軍省からレムニッツァー極東軍司令官へ、陸軍省公電番号DA九二一九三三、秘密

［1―3は略］

4　貴殿が、アメリカが第一次裁判権を行使し日本と解決をはかるとの立場をとり続けることが望ましい。とはいえ、明らかなように日本がそれに同意しなければ、貴殿はジラードを裁くことを日本に許す権限を有している。とはいえ、貴殿は、公務中の証明書は正しいと米側は考えているという法的立場を維持し続けるべきだ。日本に裁判させることを許容する必要があるなら、貴殿は公務中という証明書の法的立場は維持するけれども、それを撤回する権限も持っている。

5　この問題への議会の関心という点からすると、日本がジラードを最小限の軽微な罪で起訴し、法務省と一致することが明らかに我々の利益となる。貴殿は、ジラードを日本の裁判にゆだねる前に、この点について日本側の同意を取りつけられるかもしれない。（傍点、筆者）（4）

要するに「公務中」というアメリカの主張は取り下げるな、しかしそれでは通用しないだろうから、日本側に裁判させてもよいという、一見矛盾した指示である。本音は第5項にあり、ジラードを軽微な罪で起訴して事実上免罪するよう日本当局の同意を取りつけてくれ、ということである。

国務省からは、五月一日になってハーター国務次官から東京の大使館に連絡が来た。

◇一九五七年五月一日、ハーター国務次官から大使館へ、公電番号二三八一、秘密

国務省は、陸軍省軍務局長から極東米軍司令官にあてたDA九二一九三三〔前出一九五七年四月二六日の陸軍省秘密公電〕のコピーを見た。この指示はジラードを日本側に裁判させることで、恐らく法律問題の実際的意味をなくさせるので、今回は行政協定第一七条三項(a)(Ⅱ)をジラード事件に適用する必要はないと考える。（5）

陸軍省が公電DA九二一九三三でレムニッツァーに指示したやり方に国務省も賛成だから、行政協定の規定にとらわれず東京で動けという指示であった。行政協定第一七条第三項(a)（Ⅱ）は、公務中の犯罪は米側が裁判権を有すると定めている。しかしジラード事件にこの条項を適用する

必要はないから、ジラードを日本側に裁判させてよい、そうしても、米陸軍省が極東米軍に指示したように、「法律問題の実際的意味をなくさせる」、つまり刑法を適用する実際的意味がないようにして、ジラードを無罪放免にする、ということである。

以上の経過をへて、一九五七年五月一六日午後七時の国務省あてマッカーサー秘密公電が報告した秘密協定が結ばれる。

それから五七年をへた二〇一一年一〇月、私は米公文書館で、ジラード事件の密約文書を発見した。

◇一九五七年五月一六日午後七時、マッカーサーから国務長官へ、公電番号二六四一、秘密

1．指示DA九二一九三三（FE八〇五〇三二でワシントンに報告した）にもとづき、裁判権問題を処理する最終的取決めに合意するため、米側代表が［日本］外務省及び法務省当局者と、非公式（informal）の、そして秘密（confidential）の会談をした結果、日米合同委員会は本日、刑事裁判権小委員会から受け取った次のような勧告を承認した。

ジラードの犯罪容疑が公務中の行為であるかどうかに関わりなく、軍当局は行政協定3c［第一七条第三項c］にもとづき、本件では裁判権を行使しないことを決定したと日本当局に通告する。

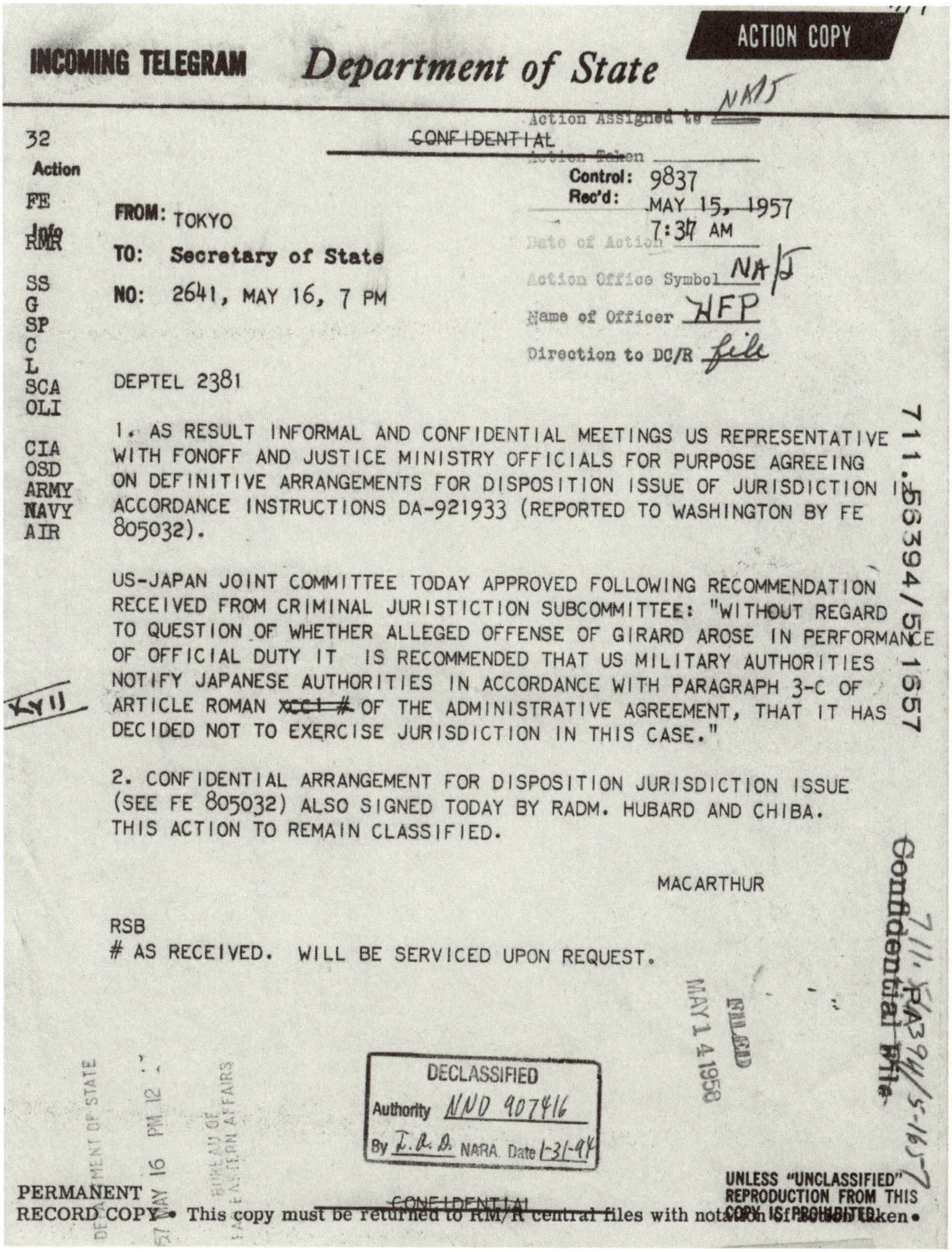

INCOMING TELEGRAM *Department of State* ACTION COPY

Action Assigned to NA/5

~~CONFIDENTIAL~~

Action Taken

32

Action

FE

Info

RMR

SS

G

SP

C

L

SCA

OLI

CIA

OSD

ARMY

NAVY

AIR

Control: 9837

Rec'd: MAY 15, 1957

7:37 AM

Date of Action

Action Office Symbol NA/5

Name of Officer HFP

Direction to DC/R file

FROM: TOKYO

TO: Secretary of State

NO: 2641, MAY 16, 7 PM

DEPTEL 2381

1. AS RESULT INFORMAL AND CONFIDENTIAL MEETINGS US REPRESENTATIVE WITH FONOFF AND JUSTICE MINISTRY OFFICIALS FOR PURPOSE AGREEING ON DEFINITIVE ARRANGEMENTS FOR DISPOSITION ISSUE OF JURISDICTION IN ACCORDANCE INSTRUCTIONS DA-921933 (REPORTED TO WASHINGTON BY FE 805032).

US-JAPAN JOINT COMMITTEE TODAY APPROVED FOLLOWING RECOMMENDATION RECEIVED FROM CRIMINAL JURISTICTION SUBCOMMITTEE: "WITHOUT REGARD TO QUESTION OF WHETHER ALLEGED OFFENSE OF GIRARD AROSE IN PERFORMANCE OF OFFICIAL DUTY IT IS RECOMMENDED THAT US MILITARY AUTHORITIES NOTIFY JAPANESE AUTHORITIES IN ACCORDANCE WITH PARAGRAPH 3-C OF ARTICLE ROMAN ~~XCCI~~ # OF THE ADMINISTRATIVE AGREEMENT, THAT IT HAS DECIDED NOT TO EXERCISE JURISDICTION IN THIS CASE."

XVII

2. CONFIDENTIAL ARRANGEMENT FOR DISPOSITION JURISDICTION ISSUE (SEE FE 805032) ALSO SIGNED TODAY BY RADM. HUBARD AND CHIBA. THIS ACTION TO REMAIN CLASSIFIED.

MACARTHUR

RSB

AS RECEIVED. WILL BE SERVICED UPON REQUEST.

711.553394/5-1657

Confidential File

711.553394/5-1657

FILED MAY 14 1958

DECLASSIFIED

Authority NND 907416

By I.A.D. NARA Date 1-31-94

DEPARTMENT OF STATE '57 MAY 16 PM 12

BUREAU OF FAR EASTERN AFFAIRS

~~CONFIDENTIAL~~

UNLESS "UNCLASSIFIED" REPRODUCTION FROM THIS COPY IS PROHIBITED.

PERMANENT RECORD COPY • This copy must be returned to RM/R central files with notation of action taken •

ジラードを事実上の「無罪放免」にした密約

2．裁判権問題（FE八〇五〇三二）解決のための秘密の協定も、本日、ラドゥム・フバードと千葉の間で調印された。この行動は秘密にされる。（6）

日本側の「千葉」は、当時の千葉皓・外務省アメリカ局長である（注・当時のアメリカ局長は現在の北米局長）。

マッカーサーのこの秘密公電二六四一は、米国務省『米国の外交関係』一九五五―一九五七年第二三巻第一部・日本二九二頁に収録されているが、密約調印を記した上記公電番号二六四一の第二項の千葉外務省アメリカ局長と米側ラドゥム・フバートが秘密協定に調印したことを記した二行半は「非公開」として削除されている。（7）

このあとロバートソン国務次官補は、ダレス国務長官に提出した五月二〇日の極秘書簡で、陸軍省が秘密協定によりジラードを日本に裁判させ、最も軽い罪にすることを決めたと報告した。

◆一九五七年五月二〇日、ロバートソン国務次官補からダレス国務長官への覚書、極秘

ジラードをその犯罪容疑によりできるだけ早く裁判にかけることが望ましいという見地から、そして米日両国で裁判権問題が行きづまっていることを考慮して妥協が成り、アメリカ

はジラードを裁判しないことを決めた。これはジラードの犯罪容疑が公務中に起きたというアメリカ政府の立場を損なうものではない。妥協の一部として、秘密取決めが結ばれ、それにもとづき、日本側は刑法二〇五条による傷害致死罪より重い罪では起訴しないことに同意した。これは、日本の法律のもとで、ジラードを起訴するものとしては最も軽い罪である。日本側はまた、事件の状況を考慮して、日本の裁判所がなしうる限り刑を軽くすることを、行政当局経由で勧告することに同意した（傍点、筆者）。（中略）

勧告：国務省は合同委員会で日本側との合意に拘束されることになり（アメリカはジラード事件で裁判権を行使しないことを決定した）、この合意に従って行動するという立場をとること。（8）

ジラードはこうして日本の裁判所で裁かれることになった。しかし、そこで下される判決内容、そして量刑の上限まであらかじめ決められていたわけである。

アメリカでは、ジラードの裁判を日本に認めたことが報道されると、議会や新聞で批判が湧き起り、駐日大使館・国務省とダレス国務長官・陸軍省・ブラッカー陸軍長官らの間に論争が起きた。下院外交委員会には、アメリカは海外に駐留する米軍人に対する排他的裁判権をもっており、アメリカの軍人を外国の裁判にかけさせてはならないとした決議案が提出され、賛成一八対反対八の賛成多数で可決された。決議案は、ジラードの出身地であるオハイオ州のボウ議員が提出したので「ボウ決議」と言われる。

またジラードの母親と兄夫婦は「ジラードを日本の法廷に渡すな」とアメリカ政府を相手どって連邦地方裁判所に訴え、地裁はこれを認めた。米軍当局は「ジラードの犯罪は公務中」とする立場を維持していた。ジラードを日本で裁判にかけても事実上無罪放免にするという日本側との約束は秘密にされているから、米議会決議や連邦地方裁判所決定により「ジラードを日本で裁判させるな」という世論が高まったのは当然の成り行きだった。

ウイルソン国防長官は、国防総省法務部の審査が終わるまではジラードの身柄を日本側に引き渡してはならないと命じた。このため、ジラードは、起訴後は基地から前橋地裁の法廷に〝通う〟ことになった。

アメリカではジラードを日本の裁判にかけさせるなという議会や軍部の声が強まり、アイゼンハワー大統領も乗り出すことになった。大統領は、五月二四日にはダレス国務長官との電話で「米陸軍はアメリカの軍人を他の誰にも裁判させない。裁判権放棄に同意したのは間違いだったと認めているが、それをやっちゃったのだ」と述べた。(9)

五月二八日、ホワイトハウスの大統領執務室で会議が開かれ、大統領をはじめ、ダレス、ウイルソン国防長官、ロバートソン国務次官補、スプレイグ国際安全保障担当国防次官補らが出席した。会議では、アメリカが日本政府との密約を実行すること、ダレス国務長官とウイルソン国防長官がそれに責任をもつことが確認された。(10)

ジラードの母親らに訴えられ、地裁で敗訴したアメリカ政府は、六月二〇日、控訴院を飛ばして連邦最高裁に跳躍上告した。最高裁は夏季休暇を繰り延べ、七月八日の弁護聴取を経て、同一一日に政府側主張を認める裁定を下した。すなわち、地裁の決定をくつがえして、政府の方針どおり、日本の法廷にかけることを認めた。この最高裁裁定の決定的理由になったのは、事件発生時にジラードと同じ現場にいたニクル三等特技兵の証言だった。ニクルは、ジラードが殺された坂井なかやその他の日本人を狙い撃ちできるよう、空薬莢《やっきょう》をもっと手前に投げるようニクルに言い、日本人に近寄るよう手招きして「ＯＫ、どうぞ」と言ったと証言したのだった。

日本は裁判権の97％を放棄と米大統領

アイゼンハワー政権は、連邦最高裁への跳躍上告により地裁判決を覆《くつがえ》すことはできたが、議会やマスコミへの説得に追われた。

議会の有力者に対しては、大統領みずから、日本が密約で裁判権を放棄している事実を明らかにした。日本は自国の裁判権をこれほどアメリカに譲っているのだから、ジラードについては大目に見てくれ、軍法会議でやるより刑は軽くなるはずだから、と言って説得したのである。

◇一九五七年六月四日、議会指導部会議に関する補足記録

ジラード事件——大統領は、我々は裁判を差し控える必要はないが、自発的に控えたのだと述べた。日本は一万四〇〇〇件の事件のうち一万三六四二件の裁判権を任意に放棄してきたのであり、日本側が有罪を宣告した事件で下した判決は我々の軍法会議が下したであろうものよりも軽いものであったと述べた。（『米国の外交政策』一九五五〜一九五七年、第一部・日本三三七頁、出所・アイゼンハワー図書館）(11)

一万四〇〇〇件のうち一万三六〇〇件といえば九七％にあたる。『米国の外交政策』所収の文書にはこの数字の期間が書かれていないが、国務省が安保改定を説明するために作成した「行政協定と地位協定の比較分析」（一九六三年）は、日本が一九五八年一二月一日—五九年一一月三〇日の一年間における米軍人の公務外犯罪の九六％の裁判権を放棄したと述べている。

では、現在の地位協定の下ではどうか。情報公開法による日本平和委員会の請求に対し、法務省が二〇〇九年に明らかにした検察統計資料によると、二〇〇八年に「公務外」の在日米軍構成員の犯罪で検察庁が起訴しなかった件数が、実に九〇・五％にのぼる（平和新聞〇九年五月一五日

号)。この数字は、一九五三年に結ばれた刑事裁判権放棄の密約が地位協定下の今も生きており、日本は相変わらずほとんどの裁判権を放棄していることを示している。

「行政協定と地位協定の比較分析」はさらに、地位協定になっても、刑事裁判権の条項は行政協定の時代と変わっていない、ジラード事件はそのもとで起きた事件であり、アメリカの立場を損なうことなく解決されたとして、問答形式で次のように述べている。

◇国務省「行政協定と米軍地位協定の比較分析」(抜粋)

問い　何が、わがボーイたちが日本の刑務所に入らなくてもいいようにしているのか。

答え　わが軍人たちが刑務所に入れられる機会はほとんどゼロである。日本政府は第一次裁判権を放棄するうえで極めて協力的である。

問い　日本との刑事裁判権の取り決めを実行する事例として、ジラード事件をとりあげることができるか。

答え　新しい地位協定第一七条の刑事裁判権条項は、一九五三年九月二九日調印の議定書(TIAS二八四八)で改定されたが、一九五二年の行政協定の対応する条項と変わっていない。ジラード事件はその条項のもとで起きた事件である。(中略)[日米]合同委員会のアメリカ代表は裁判権を主張し続けるべきだったとはいえ、暗礁に乗り上げ長引く場合には行政協定第一七条3（c）により日本に対して裁判権を放棄する権限が与えられると国防総省は陸軍省を通じ極東軍司令部に指示した。（中略）こうして問題は、第一次裁判権が米側にあるというアメリカの立場を損なうことなく解決された。その結果、米最高裁は［裁判権を］放棄した［アメリカの］憲法上及び法制上の障害はないと全員一致で決定した。ジラードは傷害致死罪で裁かれた。彼は日本の裁判所で裁かれ、そして三年間の執行猶予を与えられ、釈放されてアメリカに戻った。日本では、彼は行政協定第一七条により公正な裁判を受ける保証をすべて与えられた。(12)

殺人犯ジラードは執行猶予で帰国

ジラードの裁判はどうなったか。検察庁による起訴、前橋地裁における求刑、そして浦和地裁の判決、それらのすべてにおいて秘密の取り決めが完全に実行された。

前橋地方検察庁が一九五七年一〇月三一日に求刑したのは傷害致死の懲役五年。同年一一月一九日、前橋地方裁判所の河内裁判長がジラードに言い渡した判決は、傷害致死罪による懲役三年、執行猶予四年。密約通りの判決であった。坂井なかの次女・坂井佳代子は判決後、「母が可哀そう」と語った（読売新聞一九五七年一一月一九日夕刊）。

朝日新聞社発行『アサヒグラフ』一九五七年一二月一日号は、前橋地裁で判決後、河内裁判長、デッカー米陸軍省法務代表、ジラードの林弁護人、杉本検事らが笑みを浮かべて、裁判所の中庭で一緒に記念撮影している写真を掲載した。

ジラードは「感謝している。近く妻を連れてアメリカへ帰れるよう準備している」と述べた。ダレス国務長官はワシントンで「裁判は非常に公平なものだった」と述べた。米陸軍当局は「控訴手続きが行われなかった場合には、間もなく米本国へ送還されるだろう」と発表した。

最高検察庁は一九五七年一二月三日、前橋地裁判決に対して控訴しないことを決定、ジラードは一二月六日、横浜港からアメリカに向け出航、帰国後除隊となり、自由の身になった。

日本よる刑事裁判権放棄の密約は、「公務外」の米兵犯罪について、日米両国政府が一九五三年九月二三日に行政協定改正に調印した際に、日本政府が引き続き裁判権を放棄することを秘密裏に約束したものである。

当時、台湾の蒋介石政府とフィリピン政府は、それぞれ米台軍事協定、米比協定が日米行政協定にくらべ自国が不利になっているとして改定を要求していた。日本は一九五三年九月の日米行政協定改定により裁判権を獲得したことになったが、それを放棄したことは「密約」になっていたので、台湾やフィリピンにとっては、自分たちより日本のほうが有利になっていると考え、裁判権をアメリカに要求していたのである。

一九五七年五月二〇日、台北で現地人を殺害した米軍人が軍法会議で無罪になった。これに抗議するデモは一万人をこえ、アメリカ大使館を襲撃して星条旗を引き下ろすまでに発展した。フィリピンでも米兵犯罪の裁判権をめぐって軍事基地協定の改定を要求する声が高まり、米比関係が緊張していた。日本に続くアジアの民衆の怒りに、アメリカ政府首脳は米軍がアジアから追い出されかねないと懸念した。

一九五七年五月二四日、アイゼンハワー大統領はダレス国務長官との電話会談で「アジア諸国では重大な様相を呈しており、我々がそこにいられるのかどうかを決めなければならない。彼らが我々を憎んでいるとすれば、それはまずいことだ」と述べた。(13)

米国防総省は、日本の刑事裁判権放棄を密約にしていることに問題があると感じた。同省は、日本による刑事裁判権放棄を公表すれば、台湾やフィリピンにおける米軍特権を維持できると考えていた。しかし、密約の公表には大きな危険があった。

◆一九五七年八月二六日、書簡・ウイルソン国防長官からダレス国務長官へ、秘密

一九五三年以来、秘密にされてきた協定を公表することにたいする［岸］首相の憂慮は容易に理解できる。(中略)

密約を公表する一つの方法は、重要な事件を除いては、裁判権を行使してこなかったこれまでの政策を続けると日本政府に発表させることである。そして、日本はこれまで裁判権を放棄してきたが、これからもそれを確実に続けるという文書を両国政府が交換することである。ジラード事件では日米両政府は協力して、[アメリカが]裁判権を放棄したのだから、そうした文書を交換する理由になるだろう。(14)

先に見たように国防総省はジラードの犯罪は「公務中」との立場を維持していたので、「ジラード事件では〝公務中〟であるにもかかわらず裁判権を日本側に譲ったのだから、一九五三年一〇月二八日の日本側の裁判権放棄の密約は公表せずに、将来にわたって日本側がこれを守り実行するという誓約書を書かせよ」と国務省に要求したのである。

その後、ウイルソンとダレスの間では、密約の公表問題をめぐって数回にわたり書簡のやり取りがあった。ダレスは同年九月一一日のウイルソンあての書簡で、日本側の裁判権放棄の密約をいまは公表すべきでないと述べ、同一九日、ウイルソンも同意した。(一九五七年一〇月八日、書簡、ウイリアム・オッケイ北東アジア局副局長からロバートソン国務次官補へ、秘密)(15)

ジラード事件から約半世紀を経た二〇〇八年に刑事裁判権放棄の密約文書が発見されて、刑事裁判権放棄の密約の存在は動かせない事実として証明され、日本国内でさらに批判が高まった。これをうけて、二〇一一年八月には日米両国政府は合同委員会で口裏を合わせ、日本側の裁判権放棄の約束は「日本側の一方的な政策的発言」だと言って、「密約」の事実を否定しながらも、将来にわたって密約を遵守することを改めて誓約した。半世紀前のウイルソン国防長官の要求は生きており、日本政府はいまもそれに縛られているのである。

ジラード事件で湧き起こったのは、日本が裁くべき重大な犯罪が密約によって裁かれないという主権喪失に対する日本国民の怒りであった。ところが、批判を受けて窮地に陥った日米両政府は、新たな密約を結ぶことによって日本の裁判権放棄の密約を維持しようとしたのだった。それがまた日米両国で政府に対する国民の不信を呼び起こしたのである。

その対策にアメリカが苦慮しているところへ、またしても米兵による事件が起きる。ロングプリ事件である。

2 電車に発砲し乗客を殺したロングプリ事件

基地司令官は「殺人罪」を認定したが

ジラード事件の怒りがまだ生々しかった一九五八年九月に、新たな事件が起きた。米空軍兵士のピーター・ロングプリが、退屈しのぎの遊びで、若い音楽大学生の生命を奪った事件である。事件が起きて、米軍当局が真っ先に考えたのは、日本国民の怒りがジラード事件の時のように広がらないように、そして大きな政治的事件にしないようにすることだった。

事件は、一九五八年九月七日、埼玉県狭山市の米ジョンソン基地（現在・航空自衛隊入間基地）で起きた。地元の新聞によれば、事件の概要は次の通りである。

「埼玉新聞」一九五八年九月九日付、「第二のジラード事件に発展か」

狭山市入間川の米軍ジョンソン基地内で、同基地第一一警備ポストに勤務していたピーター・E・ロングプリー航空三等兵（一九）が進行中の西武電車をねらってカービン銃を発射、乗客の東京都練馬区南町一ノ三四八一、御代信彦さん方武蔵野音楽大学一年生宮村祥之君（二二）が射殺された事件は、〝第二のジラード事件〟として各方面に強い衝撃を与えている。

この事件につき東京高検、浦和地検、埼玉県警察本部など日本側検・警察当局は八日、一、日

ロングプリが走行中の西武電車に発砲した歩哨所（a）と、車中の被害者に命中した地点（b）。埼玉県狭山市。（米公文書館の国務省ファイル RG59,BOX12 から）

米行政協定による米軍側からの犯罪通報を待ち本格的捜査を行う。一、それまでは今すぐ容疑者ロングプリー航空三等兵の身柄引き渡しは要求しない、などをきめ、一応慎重な態度をとっている。

しかし、これまでの予備的な捜査の結果、高検、地検、県警など日本側捜査当局は、たとえ公務時間中の事件であっても乗客を乗せた電車に発砲するという行為は公務とは認められず、従ってロングプリー事件についての捜査権、第一次裁判権は日本側にあるという見解を強めており、もし米軍側が公務証明書を出して公務中であったことを強く主張すれば、国民感情からいっても日本側は強硬態度をとらざるを得ないとみられる。場合によっては行政協定にもとづき日米合同委員会の問題に発展することも予想され、日米間の国際紛争に拡大する公算も強い。

＊

事件を捜査した米軍基地司令官はロングプリの犯罪を「殺人罪」(unlawful killing)と認定した。一九五八年九月九日、ジョンソン基地のバンダイバー司令官、ジマーチン憲兵隊長、ヘール特別犯罪捜査部捜査課長らは基地内で記者会見し、立哨規則、カービン銃、同実弾四発、弾倉、死体から摘出した弾丸、被害者の衣装などの証拠品とともに、殺人罪の根拠になる英和両文の犯罪通報書を手交した。

翌九月一〇日、ワシントンの国務省では、法律顧問のジョン・フォンダーが「ロングプリ航空兵に関する背景情報」と題する法律顧問ロフタス・ベッカーあて秘密覚書の冒頭で「空軍省の許可なしには、国務省、国防総省以外の誰にも漏らしてはいけない」と書いていた(16)。そこには「空軍安全保障局の記録から抜粋した秘密情報」として、ロングプリの犯罪歴が克明に記されていた。空軍安全保障局が保有する個人情報は、戦闘などで兵士の命令を出す司令官に提供するために作成される。

国防総省の方針は、またしても公務証明書によりアメリカが裁判権を確保することだった。それでは日本国内ではジラード事件の二の舞いになることは明らかだったが、といって、ジラード事件同様、日本側に裁判をさせれば、アメリカ国内では世論や上下両院の議員たちが反発するのは目に見えていた。

◆一九五八年九月一五日、パーソンズ国務省北東アジア局長からロバートソン極東担当国務次官補へ　主題：ロングプリ事件―日本の裁判権放棄を要求、秘密

国防総省は、ロングプリ事件で日本政府に裁判権放棄を要請することが必要であるとして、そのための手続きについて見解を求めてきた。(中略)

事件のこの状況は困難な問題をもたらしている。ロングプリ事件で日本に裁判権放棄を要求していることが公に知られるなら、アメリカは日本に裁判権があると前もって表明しながら、[実際は]裁判権を得ようとしているのだと誤解されることになるだろう。他方で、我々が[日本に]裁判権を放棄するよう要求しないと、[米]議会から反発される危険がある。アメリカの軍人・軍属が関わるあらゆる事件で[日本に]裁判権放棄を要求することはいつもやっていることである。日本政府は、日本にとって重要な事件を除いて裁判権を放棄する秘密の取り決めにより、事件のおよそ九八%について裁判権放棄に応じてきた。ロングプリが公務の間の休憩中だった時に起きたこの事件でも、[日本に]裁判権放棄の要求をしないと、議会メンバー、とりわけ地位協定に反対する人々から強力な反発が疑いもなく出てくるだろう。

勧告：国防総省がロングプリ事件で、いつものように裁判権放棄を要求するよう在日米軍司令部に指示するのに異議をさしはさまないこと。(17)

判決は「業務上過失致死」

ロングプリの罪名は、ジョンソン基地捜査官の「殺人罪」から、次の埼玉県警の判断では刑法第二一一条の「重過失致死罪」に、さらに起訴の段階では最高検察庁により「業務上過失致死傷」へと切り下げられていった。

ロングプリ裁判は浦和地方裁判所で一九五八年一一月一一日から始まった。浦和地方検察庁は冒頭陳述で「実弾が入っていることを忘れ、電車に向け銃を構え引金を引いて実弾一発を発射した。これは全くのひまつぶしのためにやったものである」と述べた。

翌五九年の五月一一日、浦和地裁は「実弾を装填《そうてん》し且つ安全装置を施さなかったことを失念し、歩哨としての職務執行とは何等関係なく空撃ちのつもりで進行中の右電車の方向に向け銃を構えて引き金を引いた」（下級審刑集一九五九年第一巻一二一六頁）、「業務上の注意義務に違背《いはい》し本件事犯を惹起《じゃっき》したものであるから、同条の業務上過失致死罪を構成する」（同一二一九頁）として、懲役なしの禁固一〇カ月とした。

これが、ひまつぶしに電車にむけ発砲し、乗客の一人を死亡させた重大犯罪の判決だった。判決後、ロングプリは記者団の質問に対し、「日本の裁判は全く公正だと思った。特に裁判長の厳正公平な態度が強く印象に残った」と述べた。「禁固一〇カ月の判決は重すぎると思うか」との質問に対しては、「重いとは思わない」と答えた（「埼玉新聞」一九五九年五月一二日）。

「公務外」でありながら「業務上致死」という矛盾

奇妙なのは、被告側が本人も弁護士も、地裁判決を「全く公正」「刑罰が重いとは思わない」と言っていたのに、判決の翌六月四日に控訴したことである。理由は、仮に日本の裁判所が裁くとしても、「業務上」を罪名とすることはできず、単なる「過失致死傷」の判決しかありえないというものだった。

勤務中の米兵の犯罪が公務中か、それとも公務外かは、公務時間中ではなく、犯罪行為が公務に付随して行われたかどうかによって決まる。そのことは判例として確定している（高等裁判所刑集一九五四年第七巻第四集六二五頁、行政協定第一七条3（a）（ii）の「公務執行中」の解釈）。ロングプリの犯罪が「公務外」であることは疑問の余地がない。

ところで判決は、「職務執行とは何等関係なく」と述べていた。それなら、その行為は「公務」とも「業務」とも関係がない。「業務上過失致死傷」は「業務上必要ナル注意ヲ怠リ因《よっ》テ人ヲ死傷ニ致シタル」（刑法二一一条）ことをいうが、西武電車の青年の命を奪った銃弾は、ロングプリが業務を遂行する過程で注意を怠ったために飛び出したのではなかった。

もしロングプリの犯罪を、「業務上」ではなく、刑法二一〇条の「過失致死」とすれば、刑罰は罰金刑ですみ、当時は千円以下である。ひまつぶしで人を殺して罰金刑ですむとなれば、日本国民の怒りが再びまき起こり、第二のジラード事件になるだろう。といって、「業務上」と実質的に同じ意味の「公務中」として裁判権を放棄しても、同じことになる。

このため、裁判所は矛盾を承知のうえで、一方では「職務と関係なく」としながら、刑罰は「業務上」としたのだった。

ところが、それがまた大きな矛盾を抱え込むことになった。米空軍の武器使用規則によれば、警備中は実弾を装填せず、弾帯の弾丸入れに入れておくことになっている。判決はロングプリが銃弾をはずすことを「失念した」というのだが、その根拠や証拠を示していない。

その点では被告側には強力な援軍がいた。ロングプリ裁判に毎回出席したマーシュ在日米軍法務官である。

日本政府は、米軍人を裁判にかける場合でも、彼らがアメリカの裁判を受ける場合よりも不利な扱いをしないこと、しかも法廷に米軍代表が出席する権利を認めている（地位協定一七条9〈g〉）。米軍法務官は、ロングプリの法廷が開かれるたびに報告書を作成し、その報告書は駐日大使館を通じて本国の国務省にも送られた。ロングプリ裁判はアメリカの公権力による関与のもとにすすめられていたわけである。

マーシュ法務官の報告は次のように述べて、「公務外」とする起訴理由や浦和地裁判決を含む日本側主張を批判した。「業務上」（professional）とはすなわち「公務中」（performance of official duty）と同じことだから、ロングプリは日本の裁判所ではなく軍法会議で裁かれるべきだというのである

◇ウェズリー・マーシュ米空軍少佐・法務官、ロングプリ事件アメリカ代表・裁判立会報告書、一九五九年六月一日、浦和地裁第一刑事部

被告側主張の核心は、審理の冒頭における救済の申し立てに示されている。それは否定されたが、疑いもなく、訴えの核心になるものだ。死亡原因となったロングプリの行為が行政協定第一七条三項（a）（Ⅱ）にいう公務中になされたものではないから、第一次裁判権は日本側にあるという結論は、被告人が同じ行為により「業務上過失」を犯したという起訴理由や判決と相いれない。(18)

ロングプリの犯罪を「公務外」とすることは、アメリカ政府も事件直後から決めていた。これをうけてジョンソン基地司令官も一九五八年九月一一日に、米第五空軍から「捜査したところ公務証明書を発行するに足る証拠を見出すことはできなかった」との通告を受けたとして、ロングプリの犯罪が「公務外」であると認めていた。

それなら、なぜ米軍法務官の報告書は、「公務中」を強調する必要があったのか。実は、米軍当局は公務証明書の発行は断念したが、アメリカ国内向けには「公務中」の主張を維持していたのである。

ロングプリが東京高裁に控訴する直前に、マッカーサー大使から、ロングプリ事件で密約があったと日本の新聞が騒いでいるとの緊急極秘公電が国務省に入った。マッカーサーは同じ時刻に国務長官あてに二つの公電を発信した。公電番号四七九と四八〇である。

◆一九五九年八月二〇日午後七時、マッカーサーから国務長官へ、公電番号四七九、極秘

緊急。以下は本日のいくつかの新聞記事の要約である。記事は、日本国内の米兵に対する刑事裁判権に関して、航空兵ピーター・ロングプリの事件で東京高裁の九月四日の審理において、日米間の〝秘密取決め〟が弁護人から提出されるというものである。我々は緊急に、

外務省当局者と相談した。彼は

［以下約五行削除］

大使館―在日米軍と外務省は、本日の記事に関するプレスの質問に対する対応について状況に応じて調整してきた。テキストも次の公電で。(19)

［一頁、安全保障の理由で引き抜き］

◇一九五九年八月二〇日午後七時、マッカーサーから国務長官へ、公電番号四八〇、部外秘

日本の幾つかの新聞は本日、在日米軍人の犯罪の刑事裁判権に関する日米間の「秘密協定」を第一ページで報道した。記事は、浦和地裁で業務上過失致死として一〇ヵ月の禁固を言い渡された空軍兵士ピーター・ロングプリ事件で、疑惑の「協定」が東京高裁の九月四日の第一回審理に被告弁護団より提出されると報道している。(中略)

我々はこの問題を外務省と相談した。記事の出所は法務省当局者だと外務省は知らせてくれた。法務省当局者は行政協定第一七条を改定した一九五三年九月二九日の公式議事録に関して合意された見解に関係しているという。合意された見解は極東米軍司令部が一九五四年一月に出した小冊子で公表を要求してきたが、日本政府、外務省の代表は限られた範囲でそれを持っていると知らせてくれた。さらに圧力をかければ、法務省は、合意された見解の内

容を新聞や弁護士に知らせるだろうが、文書は出さないだろうと述べた。(20)

以上の二つの公電によれば、ジラード事件とともにロングプリ事件でも、日米間に密約があった。公電七四九には約五行の削除と一頁の引き抜きがあるが、恐らくそれらに密約の内容が書かれているのだろう。

公電四八〇によれば、密約は一九五三年九月二九日の共同発表と合意議事録に関して日米両政府が合意した見解だということだが、合意議事録は行政協定を改正し、公務外の米軍人・軍属の犯罪に対する第一次裁判権について、NATO協定に合わせて日本側が持つことにしたものである。しかし、日米間では日本側が引き続き同裁判権を放棄する密約が結ばれており、極東米軍司令部は一九五三年の日本政府による裁判権放棄の密約を小冊子にしており、これは日本の法務省も保持しているという。

これについては、当時、「日米裁判権に〝秘密協定〟」「ログプリー公判に〝証拠〟」の見出しで、「問題の証拠は米極東軍司令部が発行している『日本における裁判権』という英文二〇数ページの小冊子」「ロングプリー事件やジラード事件の場合、米軍は公務中や公務外との判断を下さず、ただ『第一次裁判権を行使しない』ということだけで日本が第一次裁判権を行使した」という報道があった。(「埼玉新聞」一九五九年八月二二日)

この事実は、ジラード事件やロングプリ事件をはじめ、日本における米兵犯罪が「公務外」であっても、一九五三年の密約にもとづき日米間で「合意された見解」により処理されていたことをうかがわせる。

浦和地裁での「業務上過失致死」による禁固一〇カ月の判決をうけて、東京高裁は一九五九年九月二五日、二回の公判だけで、公判開始後わずか二一日で控訴棄却の判決を下した。判決理由では、ロングプリが「守則に違反してみだりに銃や銃弾をもてあそび事件を起こした。これは警戒の任務の執行といえないばかりでなく、任務に直接関連があるともいえないが」と言いながら、罪名はやはり「業務上過失致死」だった。

3　裁判権放棄の密約は生きている

日本との「好ましい刑事裁判権の取り決め」

ジラード事件やロングプリ事件が示したのは、日本側が裁くべき犯罪であるにもかかわらず、日米政府が結んだ密約によって、日本が裁判権を行使できないという、そのことがどのような問題を引き起こすかということである。二つの事件は日本の刑事裁判権放棄の密約を押し通すために、日米政府が新たな密約を結んだ点でも、密約の重大さを改めて示すことになった。

刑事裁判権放棄の密約は、一九六〇年の安保改定でもそのまま維持された。アメリカは、安保改定公式交渉が始まる前から、刑事裁判権の密約を日米間の基本的に重要なものとして維持するつもりだったのである。

◇一九五八年二月一二日午後八時、マッカーサーから国務省へ、公電番号二〇八三、極秘

行政協定は重要な点で改定されなければならない。協定の詳細な内容はＮＡＴＯ諸国と同じくたぶん個々に合意されなければならない。そして、基本的なものとして現実に最小限必要なものを見定めることが非常に重要になる。いま存在している刑事裁判権の取り決めはもちろん満足できるものであり、維持できると思う。(21)

◇一九五八年一〇月一七日、アウターブリッジ・ホーシー駐日公使からハワード・パースンズ国務省北東アジア局長へ、秘密

最近、台北大使館と在フィリピン・マニラ大使館から、日米行政協定の運用に関して情報を求める二つの要求が来た。いずれの場合も、質問に完全に答えるのは、日本における刑事裁判権に関する一九五三年一〇月二八日の秘密議事録に言及することになる。もしそこに書いてあることが知られるなら、我々と日本との関係にはきわめて重大な影響が出るだろう。そして、それが知られることは、現在の好ましい日本との刑事裁判権取り決めを廃棄することに追い込まれ、日本国内の六万人のわが軍人たちに影響する。（傍線、筆者）(22)

〃帝国アメリカ〃の論理

日本ではいまも、日本国民が被害者となった犯罪の圧倒的多数が、日本当局によって立件されないままになっている。

日本国内で米軍人・軍属に刑法が適用されないことは、殺人、強盗、女性に対する暴行など凶悪犯罪を含め米兵犯罪の大きな原因になっている。日本国民の怒りの前に、最近は犯罪米兵を法廷に立たせることもまれにあるが、そうした事態になっても、日米政府が新たな密約を結び、有罪判決を受けた者が事実上の無罪放免となってアメリカに帰国する場合や極めて軽い罪ですまされることが少なくない。

「在日米軍の戦力」は日本の「戦力」ではないとしたハワードの憲法九条解釈、それを踏襲した日本政府の統一見解や最高裁砂川判決の根拠は、日本政府に指揮権、管理権がないということだった。犯罪米兵に対する刑事裁判権の放棄も、駐留する米軍と米兵に対する日本の刑法の適用を拒否する点で理屈は同じである。

では、なぜ、米兵を日本で裁判してはいけないのか？

世界中のどこに出撃しても、戦場で兵士たちに戦闘任務を完遂させるためには、人間を殺傷する訓練とともに、戦場以外で拘束されたり収監されたりしてはならない。米軍が世界のどこであれ軍事的任務を効果的に遂行するためには、その構成員に対し排他的な裁判権を行使しなければならない。これが〝帝国アメリカ〟の論理なのである。

◆一九五一年八月八日、ブラッドレー統合参謀本部議長から国防長官への覚書、主題：対日平和条約に関する文書、極秘

米軍がその構成員に対して最も完全で十分な排他的刑事裁判権を行使することは本質的なものと考えられる。日本との協定をＮＡＴＯ協定に沿ったものにするのは、適切でないだけでなく、軍事的見地からも受け入れることができない。日本に存在する条件のもとでは、アメリカが戦時において必要とする刑事裁判権を平時においても有することが必要である。統

合参謀本部は、日本との行政協定がそのような刑事裁判権をアメリカに認めるべきだと考える。（傍線、筆者）(23)

しかし、日本にとってのこのような治外法権の現実は、日米関係をゆがめざるを得ない。そのことをよく知っていたのが、日本通の外交官であり、日本がアメリカと裁判権放棄の密約を結んだ当時の駐日大使だったジョン・アリソンである。

一九五一年の対日平和条約でダレスの補佐官を務め、同年秋の行政協定改定で日本による裁判権放棄の秘密取り決めを結んだ当時、ラスク極東担当国務次官補の副顧問だったアリソンは、刑事裁判権に関する統合参謀本部の要求が、かつて明治時代に日本国民に恥ずべき治外法権として忌み嫌われたものであることをよく知っていた。

次に引用するのは、先のブラッドレー統合参謀本部議長の覚書から二週間後、アリソンがラスクに送った覚書である。

◆一九五一年八月二二日、ラスク国務次官補へのアリソン副国務次官補の覚書、極秘

統合参謀本部の声明は、国防総省の代表が多くを行った占領の成果に対する自信の欠如とともに、日本の歴史に対する完全な無知を告白するものである。日本は一八九九年に治外法

権から脱するアジアの最初の国になった。これは当時、西洋列強が日本を西洋型と一致する政治制度を備えた国家の一員として認め、またその法制度が正義と人間性の西洋的基準に達したと認めたからである。

日本が占領中に法制度の完全な再生を果たし、アメリカ的基準や手続きと一致する方向へ占領による再組織を実現したにもかかわらず、一八九九年以前に支配的だった状況に日本人が逆戻りしているという前提で行動すれば、日本人に対するだけでなく、日本が世界の平等な主権国家として扱われるようにしたマッカーサー総司令官による偏見のない努力に対しても大きな侮辱となろう。(24)

歴史を知るアリソンのこの指摘は、残念ながら今なおかえりみられぬまま無視されつづけている。

Ⅳ

日本からの「米軍出撃」と「核持込み」の密約

1 「事前協議」を空洞化する密約

砂川裁判の検察陳述もアメリカ製

二〇一一年九月三〇日、メリーランド州カレッジパークの米公文書館で国務省のアメリカ政治・基地関係ファイルを調査していた私は、最高裁の砂川裁判に関して一九五九年一〇月八日に国務長官に打電された駐日大使館の秘密公電を発見した。台湾海峡やベトナム海域への米第七艦隊の横須賀からの出撃をめぐっての公電だった。

第I章で見たように、伊達判決によって地裁で被告側が勝利した砂川裁判は、国側の跳躍上告によって最高裁大法廷で争われていた。

一九五九年八月四〜五日、砂川裁判弁護団は最高検察庁の上告趣意書に対する答弁書を最高裁大法廷に提出した。その中で弁護団は、横須賀を基地とする米第七艦隊が一九五四年五月、南シナ海に派遣されたこととあわせ、在日米空軍と第七艦隊が五四年九月、五八年八月、台湾海峡危機で同海域に出動したことを指摘した。（『砂川事件刑事訴訟全記録』第一八冊・四〇二七～四〇三四頁「伊達判決を生かす会」発行CD－ROM）

マッカーサー大使の秘密公電によれば、最高検察庁は砂川裁判の最終弁論で、アメリカが提供した見解をそのまま陳述していた。駐日米大使と田中最高裁長官の密談により跳躍上告されて開かれた最高裁砂川裁判は、検察側主張というかたちでその中身までアメリカ政府によって指示されていたわけである。

最高検察庁から弁護団の主張を聞いた外務省はマッカーサーと相談したが、海兵航空隊、空軍部隊、第七艦隊艦船が南シナ海や台湾海峡に日本の基地から出撃していることは動かせない事実である。そこでマッカーサーは、砂川裁判で検察側はどのように反論したらよいかと国務省に問い合わせ、回答を催促していた。

国務省からはかなり遅れて、まずディロン国務長官代理から、その後にハーター国務長官から回答がきたが、少なくとも台湾海峡の紛争については、弁護団の指摘する時期に、海兵航空隊、第五空軍部隊、第七艦隊艦船がいたことは認めざるをえなかった。このためそれらの部隊が日本の基地から出たのかどうかということを争うことになったのだが、ディロンは結局「太平洋艦隊の主要部隊は日本の海軍施設を使ったかもしれない」と言い、ハーターも日本に駐留する海兵航空隊や第五空軍が台湾海峡に出撃したことを認めた。

以上の話をわかりやすくするために時間の経過にそって、ディロン、ハーターの公電、そしてマッカーサーの書簡の順で紹介する。このうち、ディロン電、マッカーサー書簡は二〇一一年一〇月に末浪が、ハーター電は新原昭治氏が二〇〇八年四月に、それぞれ米公文書館で発見したものである。ハーター電の訳文は、新原氏の『伊達判決に関する米政府解禁文書』（二〇〇八年四月二七日版）によった。

◆一九五九年八月二四日、ディロンから駐日大使館あて、国務省公電番号五三七、秘密

コメントをする我々の基本的前提は、太平洋上の米太平洋艦隊の主要な部隊は他の地域と同様、時に応じて日本の海軍施設を使うかもしれないが、日本の国内とその附近に配置された米軍とは見なされないし、日本を基地とするものではないということである。この前提は、米第七艦隊が機動性すなわち補給や支援のための固定した地上作戦施設を必要としないという近代的な考え方により運営されるという事実によるものである。この考え方は地中海の第六艦隊にも当てはまる。この見解は、インドシナと台湾海峡に関するすべての問題に答えるものだと信じている。とはいえ、日本政府は、この見解それ自体が新安保条約に関する公的見解にマイナスに働くと憂慮するかもしれないということを我々は認める。（1）

◇一九五九月九月一四日午後九時二八分、ハーターからマッカーサーへ、公電番号六〇三、秘密

台湾海峡危機のさいの米［軍］に、日本に出入りしている部隊が含まれていなかったという言い方は、日本から沖縄や台湾に移った海兵隊航空団や第五空軍部隊の移動から見て不正確なものとなろう。海兵航空団も第五空軍部隊も第七艦隊所属部隊とはみなされないから、この声明は第七艦隊についてはなしえても、これに続く日本の基地の使用の否定は、事実に照らして台湾海峡作戦の場合には正しくないだろう。というのは、基地は実際に使われたからだ。

これにそって、検察官は次のように述べてもよい。「米第七艦隊は一九五八年秋、台湾海峡にいた。第七艦隊は、安保条約のもとで日本に出入りしている部隊ではない。台湾海峡海域でのこの作戦を支援して、第七艦隊は西太平洋中のさまざまの同艦隊が利用できる基地を利用した。」［新原訳］(2)

◇一九五九年一〇月八日、マッカーサーから国務長官へ、書簡番号C－一八七、秘密

外務省は、九月一八日の最高裁砂川事件最終弁論で、最高検察庁が陳述した文書のコピーを我々に提供した。翻訳は次の通りである。

弁護団の最終弁論には、日本に駐留する米海軍の部隊が一九五四年五月に南シナ海に、一九五七年に台湾海峡に攻撃のために展開したという主張が含まれている。外務省を通じてアメリカ大使館に照会したところ、我々は次のような回答を得た。

「合衆国艦隊の部隊は、一九五四年に南シナ海に、一九五七年に台湾海峡にそれぞれいた。これらの艦船は、安保条約により日本国内とその附近に配置されたいかなるものも含んでおらず、日本国内の海軍施設をその基地として使っていなかった。

これにより、合衆国の海軍艦船が日本の基地から展開しなかったことは明らかである。」

(3)

米第七艦隊は現在も、横須賀基地を母港とする原子力空母ジョージ・ワシントンを中心に、弾道ミサイル防衛に対応できるイージス艦など七〇隻の艦船、三五〇機の航空機、六万人の兵員からなる米軍最大の艦隊である。

駐留米軍の存在は憲法違反であるとした一九五九年三月の伊達判決は、次のように述べていた。

わが国に駐留する合衆国軍隊はただ単にわが国に加えられる武力攻撃に対する防禦若《も》しくは内

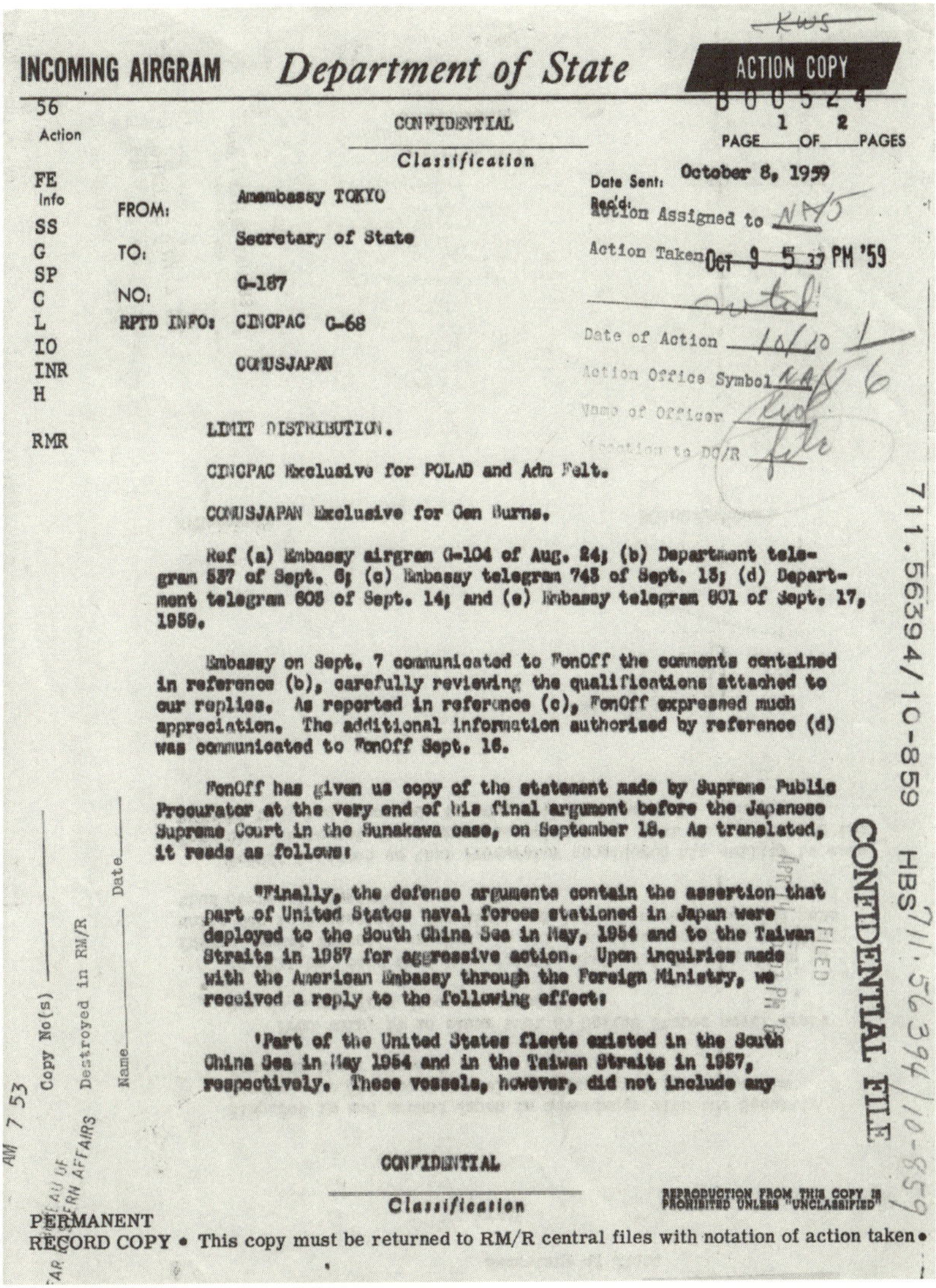

KWS

INCOMING AIRGRAM **Department of State** ACTION COPY

B005524

56
Action

CONFIDENTIAL
Classification

PAGE 1 OF 2 PAGES

FE
Info
SS
G
SP
C
L
IO
INR
H

RMR

FROM: Amembassy TOKYO
TO: Secretary of State
NO: G-187
RPTD INFO: CINCPAC G-68
COMUSJAPAN

Date Sent: October 8, 1959
Rec'd:
Action Assigned to NA5
Action Taken OCT 9 5 37 PM '59
Date of Action 10/10
Action Office Symbol NA
Name of Officer
Direction to DC/R file

LIMIT DISTRIBUTION.

CINCPAC Exclusive for POLAD and Adm Felt.

COMUSJAPAN Exclusive for Gen Burns.

Ref (a) Embassy airgram G-104 of Aug. 24; (b) Department telegram 537 of Sept. 6; (c) Embassy telegram 743 of Sept. 13; (d) Department telegram 808 of Sept. 14; and (e) Embassy telegram 801 of Sept. 17, 1959.

Embassy on Sept. 7 communicated to FonOff the comments contained in reference (b), carefully reviewing the qualifications attached to our replies. As reported in reference (c), FonOff expressed much appreciation. The additional information authorized by reference (d) was communicated to FonOff Sept. 16.

FonOff has given us copy of the statement made by Supreme Public Procurator at the very end of his final argument before the Japanese Supreme Court in the Sunakawa case, on September 18. As translated, it reads as follows:

"Finally, the defense arguments contain the assertion that part of United States naval forces stationed in Japan were deployed to the South China Sea in May, 1954 and to the Taiwan Straits in 1957 for aggressive action. Upon inquiries made with the American Embassy through the Foreign Ministry, we received a reply to the following effect:

'Part of the United States fleets existed in the South China Sea in May 1954 and in the Taiwan Straits in 1957, respectively. These vessels, however, did not include any

711.56394/10-859

CONFIDENTIAL FILE

HBS 711.56394/10-859

Copy No(s) ______ Destroyed in RM/R ______ Name ______ Date ______

AM 7 53

CONFIDENTIAL
Classification

REPRODUCTION FROM THIS COPY IS PROHIBITED UNLESS "UNCLASSIFIED"

PERMANENT RECORD COPY • This copy must be returned to RM/R central files with notation of action taken •

米第７艦隊などの台湾海峡危機出動問題で、アメリカ政府が砂川裁判の最高検陳述書作成に関与していたことを示す1959年10月8日のマッカーサー秘密公電（最初のページ）

乱等の鎮圧の援助にのみ使用されるものではなく、合衆国が極東における国際の平和と安全の維持のために事態が武力攻撃に発展する場合であるとして、戦略上必要と判断した際にも当然日本区域外にその軍隊を出動し得るのであって、その際にはわが国が提供した国内の施設、区域は勿論この合衆国軍隊の軍事行動のために使用されるわけであり、わが国が自国と直接関係のない武力紛争の渦中に巻き込まれ、戦争の惨禍がわが国に及ぶ虞《おそれ》は必ずしも絶無ではなく、従って日米安全保障条約によってかかる危険をもたらす可能性を包蔵する合衆国軍隊の駐留を許容したわが国政府の行為は、「政府の行為によって再び戦争の惨禍が起きないようにすることを決意」した日本国憲法の精神に悖《もと》るのではないかとする疑念も生ずるのである。（下級裁判所刑集一九五九年度一巻三号七八一頁）

これは、第Ⅰ章で見たように、憲法、民法、国際法など各分野の多くの法学者が米軍駐留を憲法九条違反と見る重要な根拠にしている問題である。

そこで私は、なお深く続きを追おうとした。ところが、米公文書館の国務省解禁文書では、一九五九年一〇月八日付の秘密書簡に続く一〇月一二日付の文書が、「安全保障上の理由」により「アクセス制限」として抜き取られていた。私は、二〇一一年一〇月二一日、公文書館に対して情報自由法（ＦＯＩＡ）にもとづく開示請求を行った。

これに対して公文書館は同年一一月二三日付で、開示の適否を検討する必要があるので、私の開示請求書を関係部署に転送したと通知してきた。

問題の重要性からみて、国務省関係部内の検討には一定の時間を要すると思われるが、これは、日本国憲法に反して、米軍がなぜ日本に駐留するのか、という日米安保条約の本質と、一九六〇年安保改定に深く関わっている問題である。

安保改定の目玉は「相互協力」と「事前協議」だったが

マッカーサー駐日大使が田中最高裁長官と密談し、砂川裁判の評議の状況を聞き出していた一九五九年一一月頃、国民の間にもようやく安保改定の危険性が次第に明らかとなり、批判が高まりつつあった。その中心は、日本が戦争に巻き込まれる危険性があるということに向けられていた。

一九六〇年の安保改定は、旧安保条約の一方的な「対米依存」を是正し、「対等の日米関係」「安保条約の相互性」を実現するという宣伝のもとに強行された。

一九五七年二月二五日に駐日大使として東京に赴任したマッカーサーがまず直面したのは、米軍の横暴に対する日本国民の怒りだった。着任から約一カ月半後、マッカーサーはダレス国務長官に次のように報告した。

◇一九五七年四月一〇日午後六時、マッカーサーから国務長官へ、公電番号二二五七（セクション2）、極秘

安保条約は軍隊を日本に駐留させる権利を米国に一方的に与えているから不平等であるという主張は別としても、もっとも厳しい批判の的になっているのは、日本の意思とはかかわりなく、場合によっては日本防衛とは関係ない目的のために、そのような軍隊を使用する権利を米国に与えているということである。したがって、極東の他のどこかで起きるかもしれない戦争に日本を巻き込むものだというのである。このような意見は、上述の戦争に対する反感、安保条約に対する不満を強める傾向があるのと結びついている。（中略）

安保条約に対する不満それ自体は、軍事基地のような、この条約のもとでのさまざまの問題を、すべて日本の対米従属から生じているという先入観をもって見させている。さらに日本国民は日本自身の防衛力も米国の圧力によって作られ増強されていると感じている。（傍点、筆者）（4）

安保改定を強行した岸内閣は、これにより、日本の対米依存を改めて、相互協力の安保条約にすると強調した。岸首相は一九五八年五月に行われた総選挙の第一声で、「先にわたくしが訪米して、今後対等の立場で話し合うことをアイゼンハワー大統領と約束しており、協力関係を深めることが向米一辺倒ということにはならない」（大阪中之島公会堂、朝日新聞一九五八年五月三日）と対米自主性の強化を宣伝した。安保改定によって、安保条約の名称も、旧条約がたんに「日米安全保障条約」とされていたのに、「相互協力」を加え、「日本国とアメリカ合衆国との間の相互協力及び安全保障条約」と改められた。

あわせて、安保改定の目玉とされたのが、岸・ハーター交換公文による「事前協議」だった。米軍による作戦基地としての使用や核兵器の持ち込みに対しては、事前協議でノーと言うから、日本が戦争に巻き込まれる心配はないと政府や与党は強調した。

◇外務省情報文化局『新しい日米間の相互協力・安全保障条約』一九六〇年七月

米軍がとりうべき軍事行動には、すでに国連憲章によって厳重な制約が設けられていることは前述のとおりであるが、日本を作戦基地として使う場合については、その上さらにこの事前協議という関門が設けられたということになる。そしてこの事前協議における日本政府の方針としては、日本の安全に直接深い関係があるような場合以外はノーというということが明らかにされている。（外務省配布文書二一頁）

◆自民党「新日米安保条約と新行政協定について」、一九六〇年一月二〇日

核兵器導入の問題については米側は現に日本の国民感情を尊重する態度を示しており、日本の施設区域を使用して極東の安全のため作戦行動をとることも国連行動としてかまたは自衛のための場合のみに限られるが、この交換公文によりこれ等事項に対して更に日本の自主的立場を貫くための根拠が確立されたのである。（自民党『政策月報』一九六〇年二月号一九七頁）

事前協議というのは、一九六〇年一月一九日にワシントンで、岸信介首相とクリスチャン・ハーター米国務長官が改定安保条約と地位協定に調印した際に、同時に調印した交換公文で取り決められたものである。そこでは、まず内閣総理大臣から米国務長官にあてた書簡で、日本政府の了解として次のように書かれ、これに対し米国務長官から首相にあてた書簡で同じ文言を引用して、これを確認するとしている。

◆相互協力及び安全保障条約第六条の実施に関する交換公文

合衆国軍隊の日本国への配置における重要な変更、同軍隊の装備における重要な変更並び

に日本国から行なわれる戦闘作戦行動（前記の条約第五条の規定に基づいて行なわれるものを除く。）のための基地としての日本国内の施設及び区域の使用は、日本国政府との事前の協議の主題とする。（『二国間条約集』外務省条約局一九六二年九月、三五六〜三五七頁）（注）

（注）岸・ハーター交換公文では、「事前の協議」（prior consultation）と言っているが、アメリカ政府の文書では、「協議」とのみ言い、岸・ハーター交換公文による事前協議の取り決めを、consultation formula（事前協議の定式）、あるいはconsulting formula, formula on consultation などと呼んでいる。アメリカ政府は、日本政府が「事前協議」をあたかも海外における作戦行動に際してアメリカが事前に同意を求めてくるかのように宣伝しているのを警戒して、一般的に協議するだけだという立場を明確にしているのである。しかし、日本国内では、政府のいう「事前協議」が一般的に通用しており、「協議」というだけでは、一般的な意味で「協議する」「相談する」という言葉との区別がつかないので、ここでは便宜的に「事前協議」と訳す。

「安保改定」をめぐる日米の思惑

日本政府は、「事前協議」によって、米軍が日本の基地を自由に使うことに歯止めをかけることができた、と国民には説明し、宣伝した。

しかし、アメリカは、この安保改定に別の目的をもっていた。日本側の宣伝とは逆に、米軍はより大きな行動の自由を手に入れることができる、と考えていたのである。一九五七年末や一九五八年三月の段階ですでに、次のような書簡や報告書が提出されていた。

◇一九五七年一二月二七日、在日米軍司令官から駐日大使館へ、書簡、極秘

現在の安保条約や行政協定は実際、アメリカにとって好ましい条件で基地の権利を定めたものになっている。（中略）もっとも、アメリカが有利な条件にあった一九五一―五二年の行政協定交渉でも緊急事態の基地の権利をあらかじめ確保することはできなかった。（中略）ここ二～三年で、アメリカは交渉により相互協力の条約にできるだろう。在日米軍司令官は、条約改定の結果を予測する立場にはないが、新安保条約や基地の権利の取り決めでは、現在の安保条約と行政協定の諸条項がアメリカにとって予想されるより有利なものになることは明らかだと思われる。（5）

◇一九五八年三月二八日、ロバートソン国務次官補がダレス国務長官に提出した報告書、主題：アメリカの対日政策の再検討、極秘

我々は今日、理論的にもっているこれらの条約上の権利を十分に行使する状況にはない。

危機的な状況においてさえ、我々が日本に配備した軍事力を日本の承認なしに使うことができるかどうか――恐らく空軍の第一撃を除いては――きわめて疑問である。日本人は限られた米軍の日本駐留よりは、むしろそれがいかに、そしていつ使われるかということにこれまではほとんど発言権をもってこなかったことに異議を申し立てている。在日米軍の規模や配置について、また日本の利益が直接かかわっているその行使について、十分な協議を行う（究極的には日本の軍事当局との「共同計画」を通じて）ための取り決めができるなら、我々はきたるべき時のために大きな困難なしに、米軍を日本に維持できるだろう。共同作戦行動に導く方策を引き続き注意深くうちたて、基地に要求される制限を最小限にすることは、在日米軍の立場をいっそう改善することになる。（6）

同じ「相互協力」「協議」という言葉を使いながら、日本側とアメリカ側には、このような思惑の違いがあった。安保条約や駐留米軍に対する日本国民の怒りが強まる中で、米軍が海外に出撃するための安保条約と米軍基地の機能をいかに確保し強化するか、そして米軍と自衛隊の共同作戦をいかに実行するかがアメリカ側の最大の関心事だったのである。

一九五八年一〇月四日に安保改定の公式交渉が始まってまもなく、マッカーサー駐日大使は交渉に臨む米側の基本的方針をダレス国務長官に報告して了解を得た。事前協議の取り決めが現実にどのように実行されるかということは、日米両国政府が公に発表するのとは別の合意をして、それは秘密にしておくということであった。事前協議に関する日米両国政府の取り決めは、政府の説明用であって、それとは別に秘密の〝解釈〟があり、それは秘密のままにされるということである。

◆一九五八年一〇月二二日午後七時、マッカーサー駐日大使からダレス国務長官へ、公電番号八七四、極秘

いまの見通しでは、事前協議の定式それ自身は、最終的にどのようなかたちになっても、恐らく合意議事録としてか、あるいは交換公文で公表されるだろう。とはいえ、事前協議の定式を実際に実行する場合に、それが何を意味するかということについては、「日米両政府が」公に説明する基礎にはなるだろうけれども、合意された解釈は恐らく秘密のままにされるだろう。（傍線、筆者）（7）

米軍当局は日本の基地から海外の戦場へ出て行くのに、日本政府と「事前協議」をするつもりは最初からなかったのである。

安保改定公式交渉が始まる直前の一九五八年九月九日、国務、国防両省の合同会議が国務省のロバートソン次官補のオフィスで開かれた。

◇一九五八年九月九日午前一一時三〇分、会話覚書、主題：国務長官と藤山外相の安保取り決め改定に関する会談の準備のための国務―国防両省の討論、極秘

参加者：国防総省からスプレイグ国際安全保障担当国防次官補、アーウィン同副次官補、アドミラル・バーク海軍作戦部長、レムニッツァー陸軍省次官ら七名、国務省からロバートソン次官補、グレイハム・パースンズ極東担当副国務次官補、マッカーサー大使、ベッカー法律顧問、ハワード・パースンズ極東局北東アジア部長ら一一名

［以下は覚書からの発言抜粋］

アドミラル・バークは、協議という考え方が気にいらないと言い、それは台湾海峡で我々を妨害することになると強調した。バークは、イギリスは緊急時にわれわれが同国の基地を使用することに同意していると述べた。

アーウィンは、「日本やフィリピンの基地が使えなくなるなら、そして、金門《きんもん》、馬祖《まそ》を防衛することがアメリカの政策であるなら、国防総省はハワイ、グアム、さらには［米本土の］西海岸から作戦する準備をしなければならない。兵站ではない、作戦こそが肝心なのだ」と述べた。

レムニッツァーは、我々が日本から台湾に戦闘爆撃機を飛ばしたい時はどうかなのかと尋ねた。

マッカーサーは、それはたんなる配置（deployment）であり、問題にならない、問題は日本の基地から攻撃をしかけることだと答えた。（8）

金門島は中国大陸から五キロ程度、馬祖島もせいぜい二〇キロしか離れていない。台湾に逃げ込んだ蒋介石軍を追って福建省を占領した中国人民解放軍は、一九五〇年六月二五日に朝鮮戦争が始まるのと同時に台湾海峡に入った米第七艦隊によって進撃を阻まれた。

両島は米軍の援護のもとに要塞化された。一九五八年の夏から秋にかけては、台湾海峡で中国本土と金門、馬祖の間で砲撃戦や空中戦が激化した。第七艦隊の巡洋艦、駆逐艦は蒋介石軍がたてこもる両島へ武器弾薬を輸送し揚陸作戦を護衛するとともに、蒋介石の軍隊との合同上陸演習を繰り返した。

日本の基地を現実に作戦基地として使っている米軍当局は、「事前協議」がその障害にならないようにすることを求めた。一九五八年一〇月、デニソン海軍副作戦部長がアーウィン国際安全保障担当国防次官補のために作成した「米軍基地の作戦使用の定義」と題する極秘覚書もその一つである。覚書は、中国の山東半島攻撃に向かう部隊を積み込むために横須賀基地に入港する強襲揚陸艦について、「作戦使用」という言葉が誇張して使われていると非難した。米第七艦隊の強襲揚陸艦が海兵隊を積み込んで横須賀から出港し、その海兵隊が中国軍を砲撃し上陸作戦をしても、「作戦使用」と言ってはならないというのである。（一九五八年一〇月二三日、国際安全保障担当国防次官補のためのロバート・デニソン海軍副作戦部長の覚書、主題：米軍基地の「作戦使用」の定義、極秘）(9)

「戦闘作戦行動」の意味を極力狭く解釈して事前協議をすり抜ける密約の背景には、日本の基地を日本の域外における無制限の出撃拠点として使おうとする米軍当局の要求があった。

安保改定交渉が東京で正式に始まる一カ月前の一九五八年九月一〇日、統合参謀本部が国防長官に提出した覚書ＪＣＳ二一八〇／一二〇「安全保障条約—日本（案）、同封文書Ａ」は、日本人にとって最も切実なものとして藤山外相が持ち出してくると考えられる問題は、（ａ）米軍の行動と配備、（ｂ）日本への核兵器持ち込み、の二つであるとし、米軍の行動に関して、日本に拒否権を与えるようなことは、暗黙のうちにも、もちろん明白にも、あってはならないと述べた。(10)

2 「出撃」を「移動」と言い換える密約

「極東」の範囲は地理的範囲ではなかった

日米安保条約に対して多くの日本国民が感じていたのは、日本がアメリカの戦争に加担し、あるいはそれによって日本が戦争に巻き込まれるのではないかという不安である。しかしアメリカにとっては、紛争地域に米軍が介入していくのに必要だからこそ、日米安保条約を結んでいるのである。

◇日本国とアメリカ合衆国との間の相互協力及び安全保障条約・第六条（第一段落）、一九六〇年一月一九日調印

日本国の安全に寄与し、並びに極東における国際の平和及び安全の維持に寄与するため、

アメリカ合衆国は、その陸軍、空軍及び海軍が日本国において施設及び区域を使用することを許される。（傍点、筆者）

いうところの「極東」は英語の far east にあたる。中国語では「遠東」というが、安保改定交渉でアメリカ政府が提案したのは、「太平洋地域における国際の平和及び安全」だった。

◆一九五九年六月一〇日午後一〇時、マッカーサーから国務長官へ、公電番号二六四四、秘密

安保条約の前文、第四条、第六条の「並びに太平洋地域における」という語句に関して、私は藤山に対し、この語句を受け入れるよう最も強く再度要求し、アメリカではそれが議会や世論に最も好ましい効果をもたらすと強調した。藤山はこの語句について岸と議論したとし、この語句は日本側が実質的に約束したことを表しておらず、日本の誓約を漠然と不明瞭に広げるものだと野党や悪意あるマスコミには誤って伝えられ、世論を混乱させ、そして、日本政府には得られるはずの利点を失うなど面倒なことになると主張した。(11)

さらに、岸と藤山が「太平洋地域」という語句に反対した最も大きな理由は、日本に駐留する米軍が日本の基地から太平洋地域に出撃し作戦行動するのでは、安保条約が憲法違反であることがあまりにも明白になるということであった。

ディロン国務長官代理は同年六月一六日午後七時三〇分のマッカーサーへの国務省の返電で、「太平洋地域」を第六条などから削除することは「最も躊躇することだ」としながらも最終的に受け入れるとする一方で、安保条約第三条の軍備増強義務だけでなく、第六条についても、「合憲性」という点で大きな問題があるとして、次のように述べた。

◆一九五九年六月一六日午後七時三〇分、ディロンからマッカーサーへ、公電番号一九七二、秘密

我々が［安保］条約第三条に追加の文言［憲法上の規定に従うことを条件として］を入れることに同意するのは、長期にわたる注意深い研究により到達したものである。もう一つ、別の条項［第六条のこと］の合憲性に関しても大きな心配がある。それは、憲法上の限界に言及すれば、日本が直接攻撃された場合以外は、我々が日本の基地を使うのが妨げられることになるという点である。我々の懸念はもともと憲法第九条からきている。基地の使用とともに基地の設置は、日本を「戦争状態」に巻き込むものと考えられている状況のなかでは、［憲法第九条で］許されないと解釈されている。この点で、国防総省は日本が提出する法律的文書では安心していない。

第六条の導入部は次の文言にするように日本政府に要求すべきである。「日本国の安全に寄与し、並びに極東における国際の平和及び安全に寄与するため」と。貴殿はこの点に関する我々の強い意志を強調し、この文言こそが相互性にふさわしいことを指摘すべきである。それは条約の他の条項では弱められており、実際、この文言こそが安保条約に明記された目的と一致しているのだ。(12)

アメリカ政府は、日本の米軍基地を海外での戦争のために使うことが日本国憲法第九条に違反することを知りながら、その世界戦略の必要から、米軍駐留の目的を「太平洋地域における国際の平和及び安全に寄与する」と明記することを要求し、それが通らなくても、「極東条項」を第6条に明記し、その意味を曖昧にすることによって当初の目的を果たしたのだった。

岸と藤山は一九五九年六月二〇日、極東条項を受け入れた。「極東」が、日本の国会で問題になったのは当然だった。

藤山外相は一九五九年一一月一六日の参議院予算委員会で、「フィリピン以北並びに日本とその周辺の地域、韓国及び中華民国の支配下にある地域も含まれる」と答弁した。

翌一七日、ハーター国務長官は、我々は「太平洋地域」とするほうがいいのだが、現在の条約で「極東」となっていることを根拠に、日本政府は「極東」とすることを要求しており、こうした状況の下では、「極東」を受け入れるとしても、その正確な定義は避けるべきであるとマッカーサーに指示した。（一九五九年一一月一七日、ハーターから駐日大使館へ、公電番号一二一七、秘密）（13）

マッカーサー大使は、藤山答弁の訂正を日本政府に申し入れた。

沖縄を安保条約の対象地域から外した理由

ところで、「日米安保協定改定」と題する一九五九年一一月二五日の国務省秘密文書「記録のための覚書」によると、パースンズ国務次官補は、スパークマン上院議員に、安保条約、事前協議、行政協定改定の原則の交渉内容、改定理由などを説明したが、その際に同上院議員がまず問題にしたのは、なぜ沖縄が条約地域に含まれないのかということであった。国務次官補は、このスパークマンの質問に対し、日本政府が含めることに反対したこともあるが、国防総省も沖縄の基地からの行動の自由を確保するためにそれを望まなかったのだ、と説明した。（14）

覚書はこれに続く約六行が削除され、さらにこの二五日付覚書の一部を含め、同年一一月二七日、二八日、二九日、三〇日付の公電が「アクセス制限」として引き抜かれている。しかし、右記の公表されている覚書をよく読むと、スパークマンが提起した条約適用地域の問題は安保改定でアジア・太平洋地域への米軍出撃の権利と深くかかわっていたことがわかる。

沖縄の施政権は一九七二年五月一五日に日本に返還されたが、沖縄は日本全国の米軍専用基地の七四％が集中し、米軍の重要な出撃拠点にされている。

返還前の沖縄からは、米軍が朝鮮戦争はもちろん、台湾海峡の金門、馬祖にも、ベトナムにも公然と出撃していた。沖縄は奄美、小笠原とともに、一九五一年九月八日にサンフランシスコで調印された平和条約第三条によって日本から切り離され、米軍の直接支配下におかれていたからである。沖縄、小笠原は、外交当局者によって「三条諸島」と呼ばれていた。

安保改定交渉が行われていた当時、沖縄ではアメリカの軍事支配に反対して祖国復帰の運動が高まりつつあった。政府・自民党内では、安保改定反対の運動を抑える思惑から、沖縄を安保条約の適用地域としようという議論が出ていた。しかし、現実にアメリカの軍事支配下にある沖縄を、安保条約の適用地域にすれば、本土と軍事支配下の沖縄を同じ扱いにすることになって安保条約の変質にならざるを得ない。

そうした批判もあって、政府もこの構想を取り下げたが、先の五九年一一月二五日の秘密覚書が明らかにしているのは、そのもっと大きな理由は米国防総省が反対したからだということである。沖縄を安保条約の適用地域とすることに米国防総省が反対したのは、もちろん米軍直接支配による自由使用をそのまま続けるためであった。

では、なぜ安保改定交渉の最終段階で「三条諸島」がこれほど問題になったのか、そして、この問題に関するマッカーサーや国務省の文書はなぜこれほどまでに黒塗りや文書引き抜きで隠す必要があったのか。

公電一一一五の黒塗り部分

アメリカの国務省や国防総省の対日関係幹部が「三条諸島」の安保適用問題を議論した理由を示すのは、マッカーサー駐日大使が一九五八年一一月二八日午後六時に国務長官あてに「一一一五」の番号をつけて送った極秘公電である。

公電一一一五によれば、一九五八年一一月二六日の夜遅く、マッカーサーと藤山外相は秘密裏に会って、安保条約の適用範囲の問題を話し合った。

一一一五には二つの部分がある。最初の部分（セクション1）では、藤山が日本にとって重要なのは、条約地域、すなわち安保条約をどの地域に適用するかという問題であると述べたことを伝えている。

◇一九五八年一一月二八日午後六時、マッカーサーから国務長官へ、公電番号一一一五（セ

クション1)、極秘

新安保条約について議論するために、藤山の要求で一一月二六日遅く、秘密裏に藤山と会った。(中略)

藤山は、日本にとって安保改定の決定的な問題は条約地域であると述べた。アメリカと日本がそれぞれ管轄する太平洋のすべての地域が条約地域に含まれるとする米側提案に関して、藤山は太平洋地域のアメリカ領諸島を含めると、日本の憲法解釈上大きな問題が生じ、日本の世論や国会も認めないだろうと言った。日本政府はもともと、日本の本土諸島と平和条約第三条諸島(琉球諸島と小笠原諸島)が条約地域に含まれるのはいいことだと考えていた。しかし、主要新聞の編集者その他の世論の指導者と個人的に議論し、また保守党内で議論した結果として、日本政府は三条諸島を含めるのに必要な支持を得ることができないことが明らかになったようだ。(15)

以上により、日本政府が条約範囲について憲法との整合性を気にしたことがわかるが、米軍の戦闘作戦行動への基地使用について密約の存在を示唆するのは、この公電一一一五の二つめの部分(セクション2)である。秘密指定を解除された公電は、一〇行半も黒く塗り潰されているが、前後の文脈を分析的に読めば、そこに密約の記述があったことが浮かび上がってくる。

◆一九五八年一一月二八日午後六時、マッカーサーから国務長官へ、公電番号一一一五（セクション2）、極秘

私はいまこの問題について個人的に打電している。というのは、藤山がそうしてくれと頼んだこともあるが、それだけではない。条約地域が問題のカギであり、この問題で合意ができるまでは前に進めないからだ。大使館では、条約地域から三条諸島を除くべきだと強く勧告したフェルト提督（太平洋軍司令官）の一一月〇六〇六〇二Z七のメッセージを受け取ってからは、この問題を極めて重要な問題だと考えてきた。その後の経過に照らして、私はフェルト提督の勧告に強く同意し、基地の使用、事前協議の定式、行政協定［注・現在の地位協定］を含むその他の重要な点に関して日本側と満足できる合意を得るという前提のもとに、条約地域を日本の施政権下にある地域に限定することを要求する。（中略）

事前協議の定式について藤山は詳しくは立ち入らなかったが、岸と彼は、日本国内の基地使用が、新条約に必要な相互性の要素を与えるために日本がなし得る最も重要な貢献だという基本原則を完全に受け入れていることを明確にした。日本側は、我々が現にやっているように、緊密に引き続き接触することを期待する一方で、事前協議の定式は核兵器持ち込みと日本域外における軍事作戦に限られるべきだということに同意している。その結果、わが方の見地からは、この最も重要な問題について実質的な困難を予想する理由はもはやない。

（中略）

内輪の、秘密で、私的なベースで、［日本の］外務省当局者は、藤山が考えている事前協議の案をわが方のスタッフに見せた。読むと、「日本国内の合衆国軍隊の配置における主要な変更（その装備を含む）と、日本防衛以外の軍事作戦のための基地としての日本国内の施設・区域の使用は、日本政府との事前協議になる」とある。［外務省当局者は］現在、日本からの米軍の引き揚げ（withdrawal）は通知する必要はあるとは思うが、「事前協議」をすることは考えていないし、必要もないと強調した。この点はあとで厳しい交渉をすることになるかもしれないが、事前協議に関しては実質的な違いはないようだ。

［これに続く約一〇行が黒塗りされている］

……軍事安保分野で我々及び自由世界と同盟する日本は、平時には兵站施設と基地を我々に提供し、そうして文字通り何億ドルもの節約をさせてくれているが、同時に、日本が関与しない極東の戦争に我々が関わるなら、作戦的に使用する可能性をもって兵站支援のために基地を使ってもよいと分別をもって言ってくれると期待してよい。（傍線は引用者）(16)

この公電一一一五によると、マッカーサーと内密で秘密裏に私的に会った日本の外務省当局者（山田久就外務次官とみられる）は、日本からの米軍の引き揚げ（withdrawal）は「事前協議を予想していないし、必要もない」と述べている。

日本に駐留する米軍は「在日米軍」と言われているが、固定した部隊がいるわけではなく、必要に応じて米本土から来たり、引き揚げたりしている。米軍は本土の部隊も含めて日本の基地に自由に出入りしているのである。部隊が「引き揚げる」のは当たり前のことで、日本側から「事前協議は必要ない」とわざわざ表明する必要は全くないはずである。

なぜ外務省当局者はそのようなことを言ったのか。ここではマッカーサーが、「（米軍が）作戦的に使用する」「分別をもって」と含みを持たせていることが重要である。

このマッカーサーの公電一一一五に対して、ハーター国務次官は同日の返電で、米軍が日本から引き揚げ（pull out）、他の太平洋上の基地から作戦しなければならないのなら、日本の米軍基地も駐留米軍も役に立たないと述べた。Withdrawal も Pull out も撤退する、引き揚げるという意味である。

◆一九五八年一一月二八日、ハーター国務次官からマッカーサー大使へ、公電番号八〇二、極秘

新安保条約の条約地域を日本の本土諸島に限定したいという日本の希望は了解するが、この提案は我々には新たな問題を生む。三条諸島を条約地域から削除するのは同意できるが、

とはいえ、日本以外の領土が条約地域にないのでは、条約に対する批判を受けることになる。とりわけ議会や世論からは、極東地域の他の条約取り決めには含まれている相互性が欠けているという批判を招くだろう。もっとはっきり言うなら、アメリカの主権のある地域が条約地域に含まれないのは、米国領の利益が直接攻撃にさらされた時に、日本は関与しないように動くつもりだと解釈されるだろう。その結果、米軍が日本から引き揚げ（pull out）、他の太平洋地域の基地から作戦しなければならなくなる。それでは、日本の米軍基地も駐留米軍も地域の防衛に役立たないことになる。(17)

国務省は一九五八年一一月二八日、ダレス国務長官の署名入りでマッカーサー駐日大使あて極秘公電を東京の大使館に送った。公電は、事前協議の定式を条約本体ではなく交換公文とすることに同意するとしたうえで、（a）で［事前協議の］定式は米軍の配置及び日本国内の装備に関して現在の手続きに影響するとは解されないと改めて確認した。「現在の手続きに影響するとは解されない」とは、米軍出撃や核持ち込みについては安保改定で事前協議することになったといっても、旧安保時代と変わらない、すなわち事前協議などするつもりはないということである。また（c）では、日本からの withdrawal は事前協議を必要としないと述べている。

公電は、国務省では、パースンズ国務次官補、同マウラ、ベッカー両法律顧問、国防総省の大佐の稟議を経たものである。

◆一九五八年一一月二八日午後三時五八分、国務省・ダレスから駐日大使館へ（大使用）、公電番号八二四、極秘

（第三項のみ抜粋）

貴殿が先に日本政府に指摘したように、事前協議の定式に関する確認された了解は、（a）日本における合衆国軍隊の配置とその装備に関する現在の手続きに影響するものとは解されない。［一行半黒塗り削除］（b）「配置における重要な変更」に関する事前協議は、日本への核兵器の持ち込みに限られる。（c）事前協議は合衆国軍隊の日本からの引き揚げ（withdrawal）には必要としない。（d）「日本防衛以外のための軍事作戦」に関する事前協議は、日本の域外における戦闘作戦（作戦使用）への日本の基地からの直接発進のみを対象とする。

ダレス　(18)

このメッセージは国防総省が了解済み。

「密約」の完成

一九五九年一月一九日、アメリカ国務省と国防総省の合同会議が開かれた。国務省の覚書によれば、冒頭、ホーシー駐日大使館公使が「新［安保］条約は紙の上では我々の権利を制限するが、あらゆる本質的な権利を我々は保持する」としたうえで、質問に答えて、事前協議については、米側の解釈が日本側に受け入れられたとし、「作戦使用」すなわちwithdrawalでは事前協議をしないと述べた。

◇一九五九年一月一九日、会議覚書、極秘、主題：東京における安保条約交渉の背景（抜粋）

参加者：国務省から、ホーシー公使、ベーン北東アジア局副局長ら三名。国防総省から、アーウィン国際安全保障担当国防次官補ら一六名。

会議の極秘覚書は、国務省北東アジア局、同極東局、駐日大使館、国務省情報調査局、国防総省、同国際安全保障局などに送られた。

（問）事前協議の定式の我々に望ましい解釈は、日本側に受け入れられるか？

（答）我々の「作戦使用」の定義、すなわち米軍の日本からのwithdrawalについては事前協議をしないという我々の立場については、いかなる困難も予想していない。(19)

マッカーサー駐日大使の国務長官あて一九五九年四月九日の極秘公電（番号二〇七六）によれ

ば、果たして藤山は同日、事前協議の定式について、約四か月前の一九五八年一一月二八日にマッカーサーが国務省にあてた極秘公電一一一五に示されたのと同じ内容をマッカーサーに提案した。(20)

マッカーサーのこの極秘公電二〇七六も、中に約三〇行の黒塗りがある。黒塗りに続いて公電は「藤山は我々の解釈を受け入れた。困難はみられない」と述べている。

公電二〇七六から約一カ月後の五月九日に、ディロン国務長官代理がマッカーサーにあてた秘密公電(番号一六七四)は、「公開される定式」では「[事前]協議は合衆国軍隊またはその装備の日本からの配置に関しては必要としない」とする一方、「定式(大使館公電番号二〇七六)の理解はマッカーサー大使と藤山外相が交換する秘密文書に書かれる」と述べている。岸・ハーター交換公文に書かれた事前協議の定式は「公表用」のもので、ほかにマッカーサーと藤山が交換する「秘密文書」があることを示している。(21)

米軍出撃に関する事前協議の密約はこのよう徹底して隠されているが、その内容はこれまでみたように公電一一一五で明らかになっている。次のマッカーサーの公電二三五七はその内容をいっそう簡潔に述べている。

◇一九五九年五月一〇日、マッカーサーから国務長官へ、電報番号二三五七、秘密

藤山と岸は、事前協議の定式が米軍の引き揚げ（withdrawal）を対象にしないことに完全に同意した。したがって、私は公表される定式として次の文言を日本側に提案するよう強く求める。

「合衆国軍隊と装備の日本からの引き揚げ（withdrawal）に関しては、事前協議は必要としない。とはいえ、合衆国はそうした引き揚げを日本政府に事前に通告する現在の手続きを踏襲する」(22)

外務省当局者がwithdrawalでは事前協議は予想もされず、必要もないとマッカーサーに秘密裏に述べたように、アメリカは旧安保条約下と同じように、兵站作戦や軍事作戦一般だけではなく、日本の基地から戦闘作戦行動のために出て行くことも「引き揚げ」として事前協議の対象にしないことを、こうして日本政府に認めさせたのである。

「引き揚げ withdrawal」は「移動 transfer」に言い換え

米軍が日本の基地から出撃する際、「協議」でなく、「通告」でよいとした一九五九年の密約は、翌六〇年に入って、「引き揚げ withdrawal」とされていた用語が「移動 transfer」という用語

に言い変えられた。

◆一九六〇年二月一六日午後五時、マッカーサー駐日大使からハーター国務長官へ、公電番号二六四九、秘密

藤山は、「極東」の定義についてはうまくやれなかったが、問題は、新条約第五条［日米共同作戦の規定］の下で行われるもの以外の軍事戦闘作戦のために、在日米軍が日本国内の施設及び区域を使用することにあったことに留意することが重要である。日本政府は「配置」(deployment) 問題で大きなことをやったのであり、日本からの米軍の展開も、移動後のその使用 employment も、日本政府との事前協議の対象ではないという明白な、そして、あいまいでない立場をとったのである。

大使の要求に応じて、外務省は二月一二日の衆議院予算委員会における社会党辻原［弘市］議員への藤山の答弁の翻訳を我々に提供した。

(質問) これに関連して、私は一昨年の金門、馬祖の事件を想起する。あの場合、米軍諸部隊は沖縄に移動して、金門、馬祖に展開した。このような移動は事前協議の対象か。

(答弁) 移動に関しては、事前協議の対象ではない。結果として、移動した部隊はもはや在日米軍ではない。

（質問）米軍が日本から金門、馬祖に直接展開（deploy directly）するのも、また沖縄経由で展開するのも、戦闘力に違いはない。実際は同じである。在日米軍が直接、戦闘に参加する、すなわちその戦争に入るのと違いはない。質問しているのは、この点である。

（答弁）これに関しては、もちろん事前協議の対象ではない。米軍がどこに移動（transfer）しようとも、事前協議の対象ではない。したがって、米軍が移動した後は、それをどう使うかは米国が自分で決めればよい。（傍線、筆者）(23)


マッカーサーはこのように、日本政府が米軍出撃について事前協議は行わないことを密約するという「大きなことをやった」こと、そして、それを「明白な、あいまいでない立場をとった」と国務長官に報告したのであった。

密約は、この公電の直前、六〇年一月六日に調印された日米「討論記録」でも確認される。この「討論記録」は近年、二〇一〇年三月九日に外務省が発表したものである。

◘一九六〇年一月六日、討論記録（抜粋）

B　「条約第五条の規定にもとづいて行われるものを除く戦闘作戦行動」は、日本国以外の地域に対して日本国から起こされる戦闘作戦行動を意味するものと解される。

D　交換公文のいかなる内容も、合衆国軍隊の部隊とその装備の日本からの移動（トランスファー）に関し、「事前協議」を必要とするとは解釈されない。

一九七二年四月八日、ＡＰ通信はサイゴン、ダナンからの報告として、米軍Ｆ４戦闘機三六機が日本の岩国基地から着いたと報道した。五月一七日早朝、インガソル駐日大使は、岩国の海兵隊航空隊の出撃について、これは「事前協議」ではなく、「情報提供」だとして当時の福田赳夫外相に通告した。福田は、「これは移動であって、戦闘作戦への動きとは考えない」と述べた。

3　核持ち込み密約は証明済み

密約の存在を語る六〇年「討論記録」

核持ち込みについては、アメリカ政府の秘密解禁文書の徹底的な研究により、密約の存在が繰り返し明らかにされてきた。

核兵器を搭載した航空機が日本を通過しあるいは着陸する、また核を積んだ艦船が日本の領海に入りあるいは寄港する場合も、事前協議の対象にしない。

このことは、先に紹介した一九六〇年一月六日の秘密文書「討論記録」が、日本共産党の不破哲三委員長により二〇〇〇年三〜四月に行われた党首討論で明らかにされ、核持ち込み密約の存在はすでに事実として確定している。(不破哲三『日米核密約　歴史と真実』二〇一〇年六月新日本出版社)

核持ち込みに関する「討論記録」は、「『事前協議』は、合衆国軍隊とその装備の日本への配置、合衆国軍用機の飛来(エントリー)、合衆国艦船の日本領海や港湾への立ち入り(エントリー)に関する現行の手続きに影響を与えるものとは解されない。」(外務省二〇一〇年三月九日発表)と述べている。

艦船の寄港、航空機の着陸、それらの領海、領空通過による核持ち込みについては、このように「討論の記録」によって密約の存在が完全に証明されている。しかし、外務省は、日米密約に関する有識者委員会を設置し、同委員会は二〇一〇年三月九日に発表した報告書で日米間に核持ち込み密約が結ばれたことを否定した。密約文書の存在を認めながらも、「討議の記録2項Cだけをもって、日米間に核搭載艦船の寄港を事前協議の対象外とする『密約』の証拠と見ることは難しい」「日米両国間には、核搭載艦船の寄港が事前協議の対象か否かにつき明確な合意はない」と言うのである。

これに対しては、すでに十分な解明と反論がなされているが、安保改定のなかでアメリカ政府が核持ち込み密約を追求し、その結果が「討論記録」になったことは、米公文書館に保管されている統合参謀本部や国務省などの文書によっても確認することができる。

密約は岸信介の虚偽答弁に始まる

核持ち込み問題が日本の政治の重大な問題となる中で、日米両国政府が核兵器持ち込みという重大な問題について密約という国民を欺く方法をとっていった過程は、一九五七年の川上貫一議員（日本共産党）の国会質問に対する当時の岸信介臨時首相代理の虚偽答弁に始まる（同年一月末、石橋湛山首相の病気療養のため、岸外相が首相代理となった。二月二五日に首相交代）。

この年一月二八日、米第七艦隊の前司令官が記者会見で「最新式のジェット機、誘導弾で装備された第七艦隊は数ヵ月にわたって原爆攻撃を行うことが可能だ」と発言した。そこで川上は同年二月一一日、衆議院予算委員会でこの発言をとりあげ、「安保条約にも行政協定にも兵器の種類は決めておらず、日本政府に（核持ち込み）を拒む条約上の根拠はないのではないか」と質問した。これに対して岸首相代理は「日米間には重光・アリソン了解があり、原子兵器や原子部隊の持ち込みについては、日本に相談がある」「日本に相談なく持ち込むことは絶対にない」と答弁した。

「重光・アリソン合意」とは、重光葵《まもる》外相が一九五五年六月二七日の衆議院内閣委員会で「さる五月三一日にアリソン米大使と会談して、米国は日本に原爆を貯蔵していないし日本の承諾を得なければ日本に持ち込まないと確認した」と答弁したことをさす。しかし、一九七八年二月二二日に解禁された米国務省情報調査局の五七年四月二二日付秘密文書「情報報告」「日本の核兵器および戦争との関係」で、「重光・アリソン合意」なるものは存在しないことが確認された。重光答弁直後の五五年七月七日、米大使館は重光外相に秘密書簡を送り、大使は五月三一日の会談で核兵器貯蔵に関し何らの約束もしていないと通告していたのである。

米駐日大使館は五七年の岸・川上問答の二日後の二月一三日、岸・川上問答要旨を英訳して本国の国務省に報告、同日、国務省本部のスナイダーが日本外務省に岸発言の根拠を明らかにするよう要求した(24)。さらに二月二五日には、大使館は同問答の全文を翻訳して本国に送った。マッカーサー駐日大使は、岸が「重光・アリソン合意」なるものを持ち出して、核兵器を持ち込ませない言質を与えかねないと重視したのである。

一九五三年に発足したアイゼンハワー政権は、トルーマン政権を引き継いで核兵器を含む軍事的優位を確保する対ソ「巻き返し戦略」「大量報復戦略」をとり、太平洋の島々を犠牲にして原水爆実験を繰り返した（翌五四年三月、日本のマグロ漁船、第五福竜丸がビキニ水爆実験で被曝）。

アイゼンハワー政権のダレス国務長官は五四年一月一二日、ニューヨークの外交問題評議会で米国の防衛基本戦略は「我々の選ぶ手段と場所で即座に報復できる偉大な能力に主として依存する」として、核兵器と戦略空軍を強化し、全体戦争と局地戦争における大量報復力を抑止力とし、実際の戦闘でも核兵器を使う大量報復政策を明らかにした。

こうしてアメリカは強大な破壊力をもつ核兵器の開発を進めたが、あわせて、米軍部が力を入れたのは、局地戦争で使える小型核兵器の開発であった。ロッキー山脈の西側にひろがるネバダ砂漠では核実験が繰り返され、戦術核兵器を海外の局地戦で実際に使う態勢が強化された。

一九五七年、ダレスは『フォーリン・アフェアーズ』一〇月号に、「アメリカの政策に対する挑戦と対応」と題する論文を発表し、最近の核実験により核兵器の性格が変化し、「巨大な破壊や人体への危害の広がりを恐れずに使えるようになった」として、「侵入経路になる地域を核砲弾により決定的に支配できる」と強調した。

日本の反核感情を知っていた米統合参謀本部

米軍当局は一九五八年からの安保改定交渉にあたっても当然、核兵器と通常兵器を一体のものとして使用できることを要求した。

◇一九五八年一月二九日、原子兵器使用に関する共同戦略計画委員会の統合参謀本部への報告（JCS二一八〇／一一三）（結論部分のみ抜粋）、**機密**

アメリカの兵器庫は原子兵器を他の兵器と一体化している。この一体化政策は核能力と通常兵器だけの攻撃とを区別する基盤を消滅させる。さらに、たとえアメリカが日本の基地を通常兵器攻撃だけの発射基地にできるとしても、日本に対する敵の核攻撃を除去する保証はない。アメリカの核兵器使用能力は日本を含む自由世界諸国へのソ連の侵略に対する主要な抑止力である。(25)

統合参謀本部は、原爆を拒否する日本の国民感情からみて、核兵器持ち込みの公式の合意を得ることは困難だとして、従来通り密かに持ち込むことを要求していた。

◆一九五八年九月一〇日、統合参謀本部JCS二一八〇／一二〇、主題：安保条約ー日本

日本への核兵器持ち込みに関しては、核搭載の米艦船の寄港を含め、双方が満足する解決の見込みは事実上存在しない。「原子爆弾」はいかなる文脈においても日本では最も強烈な感情的問題であり続けている。この感情が扱いやすい穏健なものになる時までは、そのような軍事的目標に向かうことは望ましいことではあるけれども、日本と核兵器を持ち込む合意を得られると思うのは全く非現実的なことだ。従って、日本への核持ち込みに関しては今や現状のまま続けることが賢明である。(26)

このように、アメリカは、日本国民の核兵器反対の強い感情をよく知っており、同時に、艦船や軍用機による核兵器持ち込みは、アメリカがその世界戦略を遂行するうえで必須の課題となっていた。このため、艦船、軍用機による核持ち込みを事前協議の対象外とする密約を結んだのである。したがって、核持ち込み密約は、「討論記録」の読み方や解釈の問題ではない。日本政府は「討論記録」という秘密文書で、事前協議なしに核兵器搭載艦船を寄港させる権利をアメリカに与えたのである。

V

吉田・アチソン交換公文の密約

1 「極東」での「国連軍」支援を約束

黒塗りの多い関連文書

一九六〇年の安保改定では、米軍の出撃に関連してもう一つの密約が結ばれた。海外の戦闘作戦のための基地使用を保証しながら、それと異なる虚偽の国会答弁をするという密約である。

マッカーサー駐日大使は一九五九年一二月一三日の秘密公電（公電番号一八六三）で、日本では、有力新聞が「吉田・アチソン交換公文」で事前協議が骨抜きだと報道していると国務長官に報告した。

当時の日本の新聞を見ると、「極東への米軍出動、『国連軍』ならば自由。新安保、交換公文に盛込む？　吉田・アチソン取決め」の見出しで、「駐米日本大使館筋は一〇日、極東における国連軍の軍事行動を支持する吉田・アチソン交換公文の内容が新たに交換公文などの付属文書の形

毎日新聞　（夕刊）　（日刊）　昭和34年（1959年）12月11日（金曜日）

毎日新聞
夕刊
毎日新聞社（東京）
東京都千代田区有楽町1の11
電話 和田倉（20）0321，0421
© 毎日新聞社 1959

極東への米軍出動
「国連軍」ならば自由
新安保 交換公文に盛込む？

吉田・アチソン取決め

【ワシントン十日 内田特派員発】

これからの交渉での問題点

で、新安保条約に盛り込まれることになるだろうと言明した」（毎日新聞一九五九年一二月一一日夕刊）と報じている。そして、翌日の朝刊には、「事前協議に抜け穴、解釈次第では空文化」の見出しで、「その場合には事前協議も無意味になるといわれてもやむをえない」などとした「外務省および内閣法制局当局の注釈」が出ている。

私が米公文書館で見つけたマッカーサー大使の国務長官あて秘密公電は、「藤山は昨日、参議院の嵐を鎮めようとした」との記述に続く約五行が黒塗りで隠され、次に「朝鮮で戦争が再発した場合の米軍の使用には事前協議は必要ない」と書いて次の約五行がまた黒塗りさ

れている。さらに文書の最後のページは全部削除されたうえ、もう一枚が「アクセス制限」として抜き取られている。（1）

一九六〇年一月一九日のワシントンにおける安保条約改定調印を目前に控えたこの時期の駐日大使館・国務省間の公電には、このように黒塗りによる削除やアクセス制限が多い。吉田・アチソン交換公文に関する文書はとくにそうである。

それほど隠さなければならない吉田・アチソン交換公文とはいったい何なのか。また当時、日本の有力新聞が「事前協議が抜け穴になる」と書いた「吉田・アチソン交換公文の付属文書」とは何なのか。

吉田・アチソン交換公文は、日米間の重要な二国間条約であるが、ほとんど知られていない。国際条約集、日米関係、日米安保関係の書籍にもほとんど載っていない。

そこで、話をわかりやすくするために、一九六〇年安保改定を前にした時期から一〇年ほど時間を戻して一九五〇〜五一年に立ち返り、そもそも吉田・アチソン交換公文とは何なのか、そこには何が書かれているか、どのようにして作られたのかをまず見ておこう。

吉田・アチソン交換公文とは

吉田・アチソン交換公文は、一九五一年九月八日にサンフランシスコで対日平和条約と日米安保条約が調印された際に、当時の吉田茂首相とディーン・アチソン米国務長官が署名した。ともに首席全権である。

交換公文は、まずアチソン国務長官の書簡をかかげている。この書簡は二つの部分からなりたつ。以下、外務省条約局による『条約集第三〇集第六巻』（一九五二年二月編集）からの引用である（一—五頁）。

まず前段では、一九五〇年六月二五日に始まった朝鮮戦争と、そこで北朝鮮軍および同年一〇月に参戦した中国軍と戦っている「国連軍」を支援する必要性を次のように述べている。

書簡をもって啓上いたします。本日署名された平和条約の効力発生と同時に、日本国は、「国際連合がこの憲章に従ってとるいかなる行動についてもあらゆる援助」を国際連合に与えることを要求する国際連合憲章第二条に掲げる義務を引き受けることになります。

われわれの知るとおり、武力侵略が朝鮮に起りました。これに対して、国際連合及びその加盟国は、行動をとっています。一九五〇年七月七日の安全保障理事会決議に従って、合衆国の下に国際連合統一司令部が設置され、総会は、一九五一年二月一日の決議によって、すべての国及び当局に対して、国際連合の行動にあらゆる援助を与えるよう、且つ、侵略者にいかなる援助を与えることも慎むように要請しました。連合国最高司令官の承認を得て、日本国は、施設及び役務を国際連合加盟国でその軍隊が国際連合の行動に参加しているものの用に供することによって、国際連合の行動に重要な援助を従来与えてきましたし、また、現に与えています。

次に後段では、日本が何をするかということについて、次のように述べている。

将来は定まっておらず、不幸にして、国際連合の行動を支持するための日本国における施設及び役務の必要が継続し、又は再び生ずるかもしれませんので、本長官は、平和条約の効力発生の後に一又は二以上の国際連合加盟国の軍隊が極東における国際連合の行動に従事する場合には、当該一又は二以上の加盟国がこのような国際連合の行動に従事する軍隊を日本国内及びその附近において支持することを、日本国が許し且つ容易にすること［費用負担に関する記述約三行略］を貴国政府に代わって確認されれば幸であります。［同約四行略］（傍線、筆者）

これに対して吉田首相の書簡は、アチソンの書簡をそのまま引いたうえで、続けて次のように述べている。

本大臣は、貴簡の内容を充分に了承した上で、政府に代わって、平和条約の効力発生の後に一又は二以上の国際連合加盟国の軍隊が極東における国際連合の行動に従事する場合には、当該一又は二以上の加盟国がこのような国際連合の行動に従事する軍隊を日本国内及びその附近において支持することを日本国が許し且つ容易にすること［費用負担に関する記述約三行略］を、確認する光栄を有します。［同約四行略］（傍線、筆者）

アチソンの書簡の前段は、国連が朝鮮戦争の侵略者を非難する決議を採択し、朝鮮国連軍への援助を各国に要請したから、平和条約を結んだ日本は援助する義務があるということである。しかし、後段は、国連軍ではなく、「一つか二つの国連加盟国の軍隊」の、朝鮮ではなく、「極東」における行動を、「日本国内及びその付近」すなわち、日本国内だけでなく、日本の外（附近）でも支持する、と書いている。

吉田首相の書簡もまた、国連軍ではなく、一又は二以上の国連加盟国の、朝鮮ではなく、極東における行動を支持すると書いている。

朝鮮戦争で使われた日本の米軍基地

交換公文が「国連軍支持」の理由にしている朝鮮戦争について、簡潔に説明しておこう。

一九五〇年六月二五日、北朝鮮軍は韓国に侵攻、五三年七月二七日に板門店で朝鮮休戦協定が調印されるまでの約三年にわたる凄惨な戦争が始まった。

ソ連が欠席していた国連安全保障理事会は六月二五日と同二七日、北朝鮮の行動を「平和の破壊」とする決議を採択、七月七日には「国連軍」を編成して、アメリカが指揮官を派遣することを決定した。アメリカはダグラス・マッカーサー極東軍司令官を指揮官とし、アメリカ軍を中心に編成した「国連軍」を派兵した。

北朝鮮軍は八月はじめ朝鮮半島最南端の一部を除き韓国全域を占領した。これに対し米軍は、一九五〇年九月一五日に、三八度線の軍事境界線に近い仁川《インチョン》に上陸作戦を敢行して反撃に出た。そのまま北朝鮮軍を北に押し返し、中国との国境、鴨緑江近くまで進攻した。それに対し、一〇月二五日、中国軍が参戦し、北朝鮮軍とともに一二月五日には平壌《ピョンヤン》を奪回した。米軍と韓国軍は再び三八度線以南に押し返され、戦線は膠着状態に入った。

そうした中、トルーマン米大統領は朝鮮戦争での原爆使用もありうると言明した。中国軍の参戦後、ソ連は安保理に復帰していた。アメリカは一九五一年二月一日に国連総会で北朝鮮非難決議を多数決で採択させたが、これには法的効力はなかった。

米軍当局は五二年四月の対日平和条約発効（日本の独立回復）後も、日本の基地を朝鮮への出撃拠点として使用するとともに、戦争が中国東北部やその他に広がっても、日本の基地を使うことができる保証を要求した。

吉田首相がアチソン国務長官との交換公文に署名した時には、北朝鮮の三八度線に近い開城で休戦会談が始まっていた（五一年七月一〇日開始）。

「国連軍」の看板を掲げた米軍

朝鮮での休戦協定の成立から五年後になるが、五八年九月一二日付で、マウラ極東担当法律顧問がベッカー国務省法律顧問にあてた覚書には、吉田・アチソン交換公文は「極東」における国連加盟国の行動に支援と便宜を与えることに日本が同意したものであると書かれている。また日本が「支援する」のは、「極東」で戦っている「国連加盟国」つまりアメリカであることが明確にされている(2)。「極東」の意味が地理的に無限定であることは前章で明らかにした。

「国連軍」の意味についても明確にしておく必要がある。

朝鮮戦争で戦った国連軍とは、米軍主体の軍隊であり、その他はエチオピアを除けば、NATO（北大西洋条約機構）、ANZUS（オーストラリア・ニュージランド・アメリカ）、全米相互援助条約、SEATO（東南アジア条約機構）など、いずれもアメリカが軍事同盟を結んでいた国々である。その指揮権は米軍にあり、「国連の行動」とは事実上、アメリカの戦争であった。

国連憲章は第七章第四二条で、平和の破壊、侵略に対する軍事的措置のための国連軍の設置を定め、第四七条で「軍事参謀委員会」の設置を定めているが、実際に設置されたことはこれまでにない。湾岸戦争、アフガニスタン戦争など、国連憲章第七章にもとづき安保理で決議した多国籍軍による軍事作戦は、いずれも事実上アメリカの戦争である。

スミス太平洋軍司令官は一九五九年一二月二三日、統合参謀本部に極秘メッセージを送り、吉田・アチソン交換公文との関係で起こりうる「誤解」に対して注意を喚起した（3）。

その「誤解」とは、交換公文では「国連の行動に従事する」となっているが、これだと米軍は国連に制約される恐れがあるということである。これに対して統合参謀本部は翌二四日、太平洋軍司令官への極秘メッセージで、「同意しうる［事前協議の］定式にするために必要であれば、そして、必要な時には、十分に柔軟にしておくべきだ」と述べた（4）。「国連の行動」なるものはわざと曖昧なままにしておいたほうがよいというわけである。

「Support」の意味は

ところで吉田・アチソン交換公文は、アメリカ国務省がつくった英文を、日本の外務省が翻訳したものである。「国連の行動に従事する軍隊を日本が支持する」という「支持」の原文はsupportである。このsupportは、支持する、支える、賛成するといった一般的な意味ではない。軍事用語としてのsupportであり、たとえばsupport groupは「上陸作戦において艦砲射撃支援を割り当てられた海上任務部隊」というように、味方の戦闘部隊による攻撃を援護するのがsupportである（『最新軍事用語英和辞典』「工業英語」編集部編一九八一年六月一〇日インタープレス社、五三七頁）。

したがって、この吉田・アチソン交換公文でいうsupportは、米軍による基地、演習場、空港、港湾、道路、河川など国土の使用を認め、武器・弾薬など軍需品をはじめあらゆる物資の補給など、出撃する米軍の戦争を軍事、非軍事の両面で支援するという意味である。

この交換公文が準備されていた当時、日本はまだ米軍占領下にあり、米軍爆撃機が爆弾を積んで日本の飛行場から飛び立ち、あるいは日本の港から出航した米軍艦船が朝鮮に艦砲射撃を加えていた。その朝鮮戦争が終わり、平和条約が発効した後も、日本が「極東」における米軍の同様の行動を支援することを約束した文書が、吉田・アチソン交換公文なのである。新聞は、これを「国連軍援助の義務、ア長官と首相、書簡を交換」（朝日新聞一九五一年九月一〇日）、「ア長官・吉田首相覚書交換、国連軍の活動支援、吉田首相、便宜供与を確約」（日本経済新聞、同日）と報道した。平和条約発効後も、日本が朝鮮戦争で「国連軍」を「支持する」ことを約束した文書として扱われたのである。日米安保条約の専門書にも「朝鮮国連軍協力交換公文」という略称がつけられている（『法律時報』一九六九年五月号臨時増刊「安保条約―その批判的検討」日本評論社、三〇六頁）。外務省がそのように説明したからだろう。

吉田・アチソン交換公文は、日本ではこのように扱われたこともあって、その存在さえあまり知られていない。これに対してアメリカでは、一九五〇年から五一年にかけて対日平和条約、安保条約を準備する過程でも、また一九五八年から六〇年に至る安保改定交渉のなかでも、その成否をきめるほどの重要な位置づけをもって、国務省や統合参謀本部の文書に繰り返し登場する。国務省をはじめ国防総省、統合参謀本部、在日米軍を傘下におく太平洋軍司令部など関係方面にもこの吉田・アチソン交換公文関連文書が大量に残されている。

2　交換公文はいかに作られたか

日本の基地に対する米国の執着

先に述べたように吉田・アチソン交換公文は、一九五一年九月八日に日米安保条約が調印された後で、平和条約の付属文書として調印された。平和条約が発効すれば、連合国軍による占領は終わり、日本国憲法のもと、日本は独立国として主権を回復する。そういうときに、「極東」という広い規模で米軍の戦争作戦を支えるこのような条約が、どのようにして作られたのだろうか。対日交渉にあたったジョン・フォスター・ダレスの動きから見てゆこう。

ダレスは、トルーマン大統領が一九五一年一月一〇日、対日平和条約担当の国務省特別顧問に任命した人物である。もとは共和党系の弁護士だったが、一九五九年四月に死去するまで、民主党のトルーマン政権で国務省顧問、共和党のアイゼンハワー政権では国務長官としてアメリカの冷戦戦略を担い、日本に対してはアメリカの世界戦略のため米軍基地の強化拡大を推進した。日本の基地をアジア・太平洋地域における軍事作戦の拠点として使用することをめざしたアメリカの対日外交を貫いていたのは、統合参謀本部をはじめ軍部の要求であったが、外交面ではその中心にダレスがいた。

一九五一年一月三日、統合参謀本部のブラッドレー議長は、この直後に国務省特別顧問に任命されるダレスやラスク国務次官補らと対日政策に関する協議を行い、日本の軍事基地を使用する権利に関して満足できる取り決めなしには対日平和条約はありえないことを確認した。(5)

この後、ダレスは、五一年一月二五日から二月一一日まで日本に滞在し、二月二日、平和条約案とともに、当時まだ安保条約と行政協定が一本になっていた軍事協定案「相互の安全保障のための日米協力に関する協定(案)」を日本側に提示した。

この軍事協定案には、日本が朝鮮戦争の「国連軍」作戦に対する支援を平和条約発効後も続けることが含まれていた。五一年二月一〇日、ダレスは東京から国務長官に覚書を送った。アリソン使節(後の駐日大使)と井口貞夫外務次官がダレス・吉田会談のために作成した覚書である。そこには、国連の朝鮮国連軍支援決議を引用して、「もし対日平和条約発効時に朝鮮において国連軍が作戦を行っている場合には、日本は平和条約発効後においても朝鮮の国連軍を以前と同様に、同じ方法により、そして同じ財政的取り決めのもとで引き続き支援することを許さなければ

ならない」と書かれていた。(6)

この時点では、ダレスは、朝鮮戦争の「国連軍」に限って、その支援を平和条約発効後も日本に続けさせることを考えていたわけである。

日本の基地から出撃する範囲を「極東」へ

しかし、国防総省、統合参謀本部は、日本を、朝鮮戦争にとどまらず、「極東」における作戦のための出撃基地とすることを考えていた。

当時、米国防総省、統合参謀本部は、早期講和に反対し、国務省と対立していた。対日平和条約が発効すれば、占領下でもっていた米軍の行動の自由がなくなり、さらには米軍が日本から撤退を余儀なくされるのではないかと恐れていたのである。

◇一九五〇年一二月二八日、統合参謀本部機密文書二一八〇／二、「統合戦略調査委員会による米国の対日政策に関する統合参謀本部への報告」

朝鮮戦線の状況から見て、その主要作戦基地としている日本を戦争が終わる前に独立させるなど受け入れられない。朝鮮の戦争はアメリカと中共政府の公然たる戦争に拡大するかも

しれず、統合参謀本部は中共との戦争や世界戦争の基地としての日本を失うことに同意できない。(7)

この報告で明らかにしているように、統合参謀本部は、米軍の軍事作戦のために、日本を占領期と同様、日本を海外における出撃拠点として利用できる保証をとりつけることを、平和条約締結の欠かせない条件としていたのである。

当時、朝鮮半島では激しい戦闘が続いていた。米軍にとって、日本は作戦基地として必要不可欠である。しかし、平和条約発効後の米軍駐留と基地の存続を、日米の二国間軍事協定によって確保することは考えられなかった。日本が降伏に際して受諾したポツダム宣言により、平和条約が発効すれば、外国軍隊はすべて撤退しなければならない。加えて、日本国憲法第九条の戦争放棄の規定からしても、それは当然であった。

こうした難問を解決して、アメリカが日本と二国間軍事協定を結び、統合参謀本部の要求する中国との戦争や世界戦争の基地を確保する道筋を見つけることが、一九五一年一—二月のダレス訪日の目的だったのである。

一方、日本国民はどうだったかといえば、平和条約によって一日も早く独立を達成することが願いであり、軍事協定による占領軍の居すわりなど、全く問題になっていなかった。

朝鮮戦争勃発からまもない一九五〇年九月七日、アメリカの国務・国防両省は対日平和条約後の米軍駐留・基地存続で合意し、トルーマン大統領も翌八日にこれを承認した。しかし、「日本防衛」が建前の二国間軍事協定で、中国との戦争や世界戦争の基地を日本に確保する道筋は、依然、見えてこなかった。

そうした中、国防総省の構想を批判するヴァンデンバーグ空軍参謀総長の機密覚書が登場した。ヴァンデンバーグは、日本を対ソ連、対中国の前線基地とするためには国連決議の枠内にとどまってはならないとして、すでに出されている二国間軍事協定案を批判した。ヴァンデンバーグの覚書は、ダレス訪日から二カ月後の一九五一年四月、統合参謀本部から、さらに国防長官に上げられた。

◇一九五一年四月一七日、ヴァンデンバーグ空軍参謀長による統合参謀本部から国防長官への覚書、機密、主題：対日平和条約

統合参謀本部は提案されている対日平和条約と集団防衛のための米日協定への付属文書の文案には軍事的見地から同意できない。

a　対日平和条約は朝鮮の戦争状態が終結する前に発効するとしている。

b　統合参謀本部は付属文書が一九五一年一月三〇日の朝鮮侵略非難決議だけを根拠にして

いることを憂慮して見ている。現在、国連の状況は極東における将来ありうる軍事行動の必要を十分に支えられるものになっていない。

c　極東における軍事作戦に対して過度に制限的である。その理由は、

(1) 日本に対する要求が日本国内での朝鮮国連軍支援の許容に限定されている。

(2) 国連と共産軍の戦争状態が朝鮮以外の極東地域に拡大する可能性を認めていない。

(3) 中国本土（満州を含む）、台湾、ソ連、公海を含む極東における軍事作戦でアメリカによる（国連の看板ではない）単独行動の可能性を認めていない。(8)

ヴァンデンバーグはこのように、極東における軍事作戦、それも中国、ソ連を含み、「公海」つまり、日本海はもちろん太平洋その他のどこの海域へも出撃できる軍事基地を確保できる条約を、平和条約の付属文書として結ぶことを求めたのであった。

一九五一年七月一四日、統合参謀本部は、国防長官への覚書ＪＣＳ二一八〇／二四「米日安全保障条約」（案）により、ヴァンデンバーグの提案をさらに具体化した。

覚書は、世界の現在と将来の予見しうる条件のもとで米国の安全保障利益のために、平和条約に含まれるべきものとして次の三つをあげた。

〈1〉日本への米駐留軍の配置、

〈2〉米軍の極東における軍事作戦、もし必要なら中国本土（満州を含む）、ソ連、そして公海における作戦のために日本をその基地として使用することが、国連のお墨付きのあるなしにかかわらず、許されること、

〈3〉国連が必要とする限り日本全国を通じて朝鮮国連軍を支援し続けることを日本が許諾すること。(9)

三日後の一九五一年七月一七日、ブラッドレー統合参謀本部議長は国防長官に覚書を送り、「国連のお墨付きがあろうとなかろうと、必要な場合は中国本土（満州を含む）、ソ連、公海上を含め極東における米軍の軍事作戦の基地として日本を使用する権限」が含まれることを確認するよう重ねて要求した。(10)

「朝鮮」を削除し「極東」に置き換える

一方、国務省顧問のダレスは、統合参謀本部・国防総省が「極東」における米軍支援を明確にした「平和条約の付属協定」を要求していることが明確になったので、それへの対応を急いだ。

五一年四月一〇日（米東部時間）、鴨緑江以北の中国東北部（旧満州）爆撃を主張し、トルーマ

ン大統領と対立を深めていたマッカーサー総司令官が解任された。

その四月一〇日深夜、アチソン国務長官からの電話でマッカーサー解任を知らされたダレスは、翌日、大統領、国務長官にそれぞれ会った後、再び東京に飛んだ。

四月一三日、ダレスが参加して日米関係者による会談が東京で開かれた。この会談でダレスは、戦争が広がるかもしれないからとして、平和条約の付属文書の文言を変更し、「朝鮮における」という文言を削除することを提案した。井口外務次官らはこれを受け入れた。

「朝鮮における」の削除は、吉田首相が出席した四月一八日の会議で確認された。ダレスは同日午前、訪日団スタッフを前に行ったスピーチで、「我々は朝鮮作戦に関する付属文書にわずかの変更をしたいと吉田氏に知らせることになる」と述べた。「朝鮮作戦に関する付属文書」とは、ダレスが二月一〇日に国務長官に東京から送った覚書に記されたもので、日本が朝鮮作戦への支援を平和条約発効後も続けるとした文書のことである。

◆一九五一年四月一八日午前九時三〇分、会談覚書、主題：対日平和条約、極秘

参加者：吉田首相、井口貞夫外務次官、西村条約局長、ダレス大使、シーボルト大使、ジョンソン副国務次官補、バブコック大佐、フィアリー国務省北東アジア局長

二国間条約付属文書＝ダレス大使は、朝鮮作戦への平和条約後の日本の支援に関する付属

文書を再検討し、一定の変更をすることが必要になっていると指摘した。その一つは、敵対関係がより広い地域に拡大した場合に、日本が付属文書の取り決めには縛られないと言わなくてもいいように――実際にそんな態度をとるということではないが――「朝鮮における」という文言を削除することである。(11)

こうして日本側も同意して、「朝鮮」は「極東」に変更された。ダレスは「わずかの変更」といったが、「わずか」どころか、「朝鮮戦争」に対する支援をテコとして、日本は米軍の「極東」で作戦行動を支援することを約束させられることになったのである。

七月三一日、東京のシーボルト占領軍総司令部顧問から国務長官に対し、日本政府当局者との折衝の結果として、「集団的自衛協定」を「安全保障協定」に、米軍の「駐留」(station)を「配置」(disposition)にそれぞれ一部修正した日米二国間協定案が国務省に送られてきた。安保条約についても日米間で基本的に合意したわけである。そこでは、「この軍隊は極東における国際の平和と安全に寄与し」と明記された。(傍点は筆者)(12)

八月二日午後五時、ダレスが東京のシーボルトに送った極秘公電には、同年九月八日にサンフランシスコでは「平和条約の付属文書」を「吉田・アチソン交換公文」として調印するとし、日本が「国連軍」の看板をつけた米軍の「極東」における戦闘作戦を国連憲章の義務として支援する同交換公文の内容とともに、「将来は定まっておらず」「再び生ずるかもしれない」という文言が入れられた。朝鮮戦争が終わっても、通用するという意味である。(一九五一年八月二日午後五時、ダレスからシーボルトへ、公電番号一六九、極秘)(13)

ロベッツ国防長官代理は八月一一日、統合参謀本部と陸海空軍長官の見解を代表して回答するとして、日米安保条約案とともに、アチソン国務長官と吉田首相の交換公文が安全保障上の必要を満たしており、国防総省は受け入れることができると表明した。(14)

一九五一年九月八日、対日平和条約の付属文書・吉田・アチソン交換公文は、安保条約調印後に同じサンフランシスコの米第六軍司令部下士官室で調印された。これに先立ち同市のオペラ・ハウスで調印された対日平和条約には、第三章第五条Aに「日本国は、国際連合憲章第二条に掲げる義務、特に次の義務を受諾する」とし、その第三項に「国際連合が憲章に従ってとるいかなる行動についても国際連合にあらゆる援助を与える」と明記された。

吉田・アチソン交換公文を平和条約の付属文書とするアメリカ政府の立場は、その後も一貫している。アメリカ政府発行『国際法規集』(Treaty International Acts Series)も、吉田・アチソン交換公文を対日平和条約と同じ「TIAS二四九〇」として扱っている(日米安保条約は二四九一)。

安保改定に対する米有力議員の懸念

以上は、吉田・アチソン交換公文がつくられたいきさつである。それから一〇年近くをへた一九六〇年の安保改定で、この吉田・アチソン交換公文はどうなっただろうか。

米公文書館には、一九五一年九月八日に調印された対日平和条約に関する大量の文書が、十進法で分類された国務省文書とともに、文書を作成した政府機関ごとのロット・ファイルに収めて保管されている。

二〇一〇年七月、北東アジア局のロット・ファイルを調査していた私は、一九五一年の平和条約ファイルの中の東アジア問題法律顧問室のファイルに、一九六〇年の安保改定とその交渉に関する一連の文書を見つけた。

安保改定交渉が正式に始まったのは、一九五八年一〇月四日である。その安保改定交渉に関する文書が、なぜ七年前の対日平和条約のファイルに入れられているのか。

調べていくうちに、一見奇妙なこの文書保管のしかたに、アメリカ政府と軍当局の強い意志があることを発見した。

東アジア問題法律顧問室のファイルのうち最初に出てくるのは、安保改定正式交渉に先立って、当時のマッカーサー駐日大使が国務長官の指示にもとづき、ヒッケンルーパー、フルブライト、マンスフィールドら米上院外交委員会の有力議員たちを個別に訪問して安保改定について説明し、その結果を国務省に報告した一連の文書である。

安保改定の目的について、日本の岸内閣が「不平等で対米依存の旧安保条約を、より対等な相互協力の安保条約に変える」と強調していたこともあって、これら有力議員たちは、米軍が日本の基地を自由に使えなくなる恐れがあるとして、安保改定に難色を示していた。このためマッカーサー駐日大使は、改定交渉に関する会議がワシントンの国務省で開かれた際に、安保改定によっても、米軍はどこの作戦でも日本の基地を引き続き使うことができると説得してまわったのだった。

マッカーサーは各議員を訪問するたびに報告書を作成しているが、その一つ、「日米安保条約改定」と題する一九五八年九月一一日の覚書は、ヒッケンルーパー議員に対して、安保条約を改定して相互協力・安全保障条約にしたいという日本側の要求について説明したことを報告したものである（一九五八年九月一一日、記録用の覚書、主題：日米安保改定、秘密）。(15)

これによると、ヒッケンルーパー議員は、朝鮮で戦争状態が再発すれば、改定後の安保条約でも日本は朝鮮戦争のときと同じように支援できるのかと懸念を表明した。これに対してマッカーサーが、その点は対日平和条約に付属する吉田・アチソン交換公文で取り決められており、同交換公文は、日米安保条約ではなく、平和条約の付属文書だから安保改定によっても影響をうけず、日本の約束は引き続き有効であると告げたところ、同上院議員は満足したと述べている。

マッカーサーは、フルブライト、マンスフィールドなどの上院議員に対しても同様の説明をし、それぞれの議員が安保改定を支持すると表明したと報告している（傍線、筆者）。

米英の関係をモデルとして

一九五八年九月、「日本との安全保障協定」について国務省の会議が開かれた。ダレス国務長官、マッカーサー駐日大使、ロバートソン国務次官補ら対日関係幹部一〇名が出席した。

会議では、一九五二年一月九日に発表されたトルーマン米大統領とチャーチル英首相の共同コミュニケが話題になった。対日平和条約のファイルには、この米英共同コミュニケが吉田・アチソン交換公文の関連文書として入っており、会議の席上で配られたとみられる共同コミュニケの文書には、欄外に「五八年九月八日、マッカーサー」と手書きの書き込みがある。

日米安保条約の改定に関する国務省の会議で、なぜ米英共同コミュニケが配られ、議論されたのか。

この共同コミュニケは、チャーチルがトルーマンに対して、イギリスを米軍の核攻撃を含む出撃基地にしてもよいと約束した文書である。

◆トルーマン大統領とチャーチル首相の米英共同コミュニケ、一九五二年一月九日、ロンドン

共同防衛のために作成された取り決めによって、合衆国は連合王国内［イギリス国内］にある特定の基地を使用する権利を有する。我々は、緊急時におけるこれらの基地の使用は、その時々の情勢に照らして陛下の政府と合衆国政府による共同決定の対象となるという了解を再確認するものである。(16)

ウエールズ大学のドブソン教授は、共同コミュニケによるイギリスのこの対米約束について次のように指摘している。

◆アラン・P・ドブソン『二〇世紀の英米関係。両大国の友好、争い、隆盛と衰退』

アメリカにとって重要なのは、核兵器使用決定に関する行動の自由を確保しなければならないということであった。ロベッツ［国防長官］もトルーマン大統領も、イギリス政府との意思疎通をはかり、その同意を得ることなしには、核戦争でイギリス国内の基地を使う

ことはないとチャーチルに約束はしたけれども、何が進んでいるかということをチャーチルが知っていたことは明らかである。緊急時には、北極を越えてのそうした攻撃に、アメリカ人がイギリス国内の基地を使うのをイギリスは妨げないと首相は言ったのである。もちろん、危機が進んで終わってしまえば、イギリスは協議されると考えている。何もナイーブな人間だからではない。イギリスは緊急時の協議など実行されないことをアメリカ人と同じくらいよく知っているのである。（ロンドン、ニューヨーク一九九五年ルートレッジ社一〇七〜一〇八頁）（Alan P. Dobson"Anglo-American Relations in the twentieth century"London and New York, by Routledge,1995,page107-108）.

アメリカ政府は日本との安保改定交渉で、この米英共同コミュニケをモデルにしていたわけである。

国防総省のマグルーダー陸軍少将は「日本は駐留米軍との関係でイギリスと同じように提供することに同意した」と言明した(17)。

マグルーダーは当時、同省で日米二国間安全保障条約の起草を担当しており、このあと米軍駐留・基地存続を中心になって進めるアール・ジョンソン陸軍次官補とともに、一九五一年一―二月のダレスの訪日団に参加している。

さて、五八年九月の先の国務省の会議では、日本との「事前協議」について、日本政府が国会で、米軍による海外での作戦のための基地使用や核兵器持ち込みの権利を否定するものだという意味で答弁していることが指摘された。それに対しマッカーサー駐日大使は、イギリスにおける米軍基地の使用を決定する同様の定式にもとづいて協議することを岸首相に求めるつもりで準備中であると報告した。

「交換公文」は生きている、と日本政府も確認

こうしたことがあって、安保改定後も、吉田・アチソン交換公文を有効なものとし、その存続を日本政府に確認させることが、アメリカ政府と軍当局にとって重要な課題になっていた。

ダレス国務長官は、安保改定交渉が始まる前から、吉田・アチソン交換公文が新条約のもとでも引き続き有効であることを確認せよと、マッカーサー駐日大使に厳しく要求した。

◇一九五八年九月二九日午後九時五九分、ダレスからマッカーサーへ、公電番号四七四、極秘

一九五一年九月八日のアチソン国務長官と吉田首相の交換公文（それによって、日本は極

東における国連の行動にかかわって、国連軍を日本国内とその周辺で支援し許諾し便宜をあたえることに同意した）が、新安保条約により影響されないことを岸に明確にせよ。　ダレス（18）

安保改定公式交渉が始まった翌日の一〇月五日、マッカーサーは吉田・アチソン交換公文の問題を改めて提起した。

◇一九五八年一〇月五日午後三時、マッカーサーからダレスへ、公電番号七四三、極秘

交換公文は平和条約に関するものであって、安保条約ではなく、［したがって次の新たな］相互安全保障条約になっても影響されないことは全く明白であり、それについては岸も同意しているとワシントンに報告したいが、どうか。（19）

しかし日本側は、吉田・アチソン交換公文を平和条約の付属文書として、安保改定後も自動的に引き続き有効だとすることに最初は難色を示した。同交換公文では、日本が朝鮮戦争だけでなく、「国連加盟国」（アメリカのこと）の「極東」における軍事作戦を支援することになっており、それでは米軍が海外の作戦で日本の基地を使う場合は事前協議をするという約束はどうなるのかと野党などから追及されるからである。

3　安保改定時の交換公文でまた新たな密約

藤山外相による新たな「密約」の提案

吉田アチソン交換公文をめぐる藤山外相とマッカーサー駐日大使の秘密の交渉は、一九五九年五～六月にヤマ場を迎えた。マッカーサーは、同交換公文をめぐる同年五月八日の藤山の発言を記した極秘公電に「SECNOG11」の番号をつけて国務長官に報告した。SECNOGとは駐日大使館が国務省に打った安保改定関係公電の表示番号である。

◆一九五九年五月八日午後一〇時、マッカーサーから国務長官へ、SECNOG11、公電番号二三四四、極秘

私は〝パッケージ〟の残っている問題として、一九五一年九月八日の吉田・アチソン交換公文が引き続き有効であることを提起した。

［それに対して］藤山は言った。日本政府は吉田・アチソン交換公文を実質的に生かし続けることに異議はないが、それが平和条約だけにリンクしており、旧安保条約が終了しても影響されないという米側の主張は受け入れることができない。というのは、（A）交換公文は安保条約の不可欠な一部として国会に提出され、同じタイトルで緊密にリンクする一つの項目として批准されており、（B）吉田一人が署名し、平和条約に署名した他の全権が署名していない、（C）もともとアメリカも安保条約の追加文書であるとして提案したからである。（中略）

［このような藤山の主張に対して］私は、新たな交換公文により、吉田・アチソン交換公文が引き続き有効であることがわかるようにしたいと藤山に答えた。

今日、私が藤山に会ったら、彼は、私の申し出に同意するとして、米側に提案する文書を手渡してくれた。交換公文の有効性を継続する以下の公電を至急見て欲しい。藤山はこの文書を私に渡す際に、要求に応えて渡してくれたトーキング・ペーパーをもとに、日本政府としての理解を次のように述べた。

1　吉田・アチソン交換公文は、朝鮮戦争で国連軍に対する攻撃が再開された場合に朝鮮国連軍によってとられる行動だけをカバーするものと日本政府は理解している。

2　交換公文では、日本国内及びその附近において、国連の行動に従事する当該一又は二以上の加盟国による行動を日本が許容し且つ容易にすると述べられている。ここで使われている「支援する」という文言は、これらの軍隊に提供されるいわゆる「兵站支援（logistic support）」である。したがって、合意された定式による事前協議なしに、米軍による軍事戦闘作戦のために日本の施設、区域の使用が許されると解釈されるべきではない。

藤山は、交換公文に対する「日本側の理解」をこのように述べたうえで、だけれどもアメリカはそのように考える必要はないと、次のように説明した。

しかし、アメリカがこのような日本側と同じように理解する必要があるとは思わない。本質的に重要なのは、吉田・アチソン合意の性格について日米が互いに明確に理解し合うことであり、自分［藤山］がマッカーサーに述べたことは現にある合意についての日本側の理解であり、吉田・アチソン交換公文に関して取り交わされるテキスト（SECNOG12）は公表されるが、自分があなたに述べた以上の二点を公表するつもりはない。とはいえ、国会でこれについての質問が出たら、答弁では、日本政府はこの言明の立場をとることになる、と

藤山はこのように言うのである（傍線、筆者）。

　この日本側の提案は、我々が得なければならず、そして得られる極めて最良のもの（the

very best）と思う保証を我々に与えるものであり、同意することを強く勧告する。（傍点、筆者）(20)

これまでみてきたように、吉田・アチソン交換公文は、日本が平和条約で独立したあとも朝鮮戦争の国連軍支援を続けると前段で約束しただけでなく、後段では、「一又は二の国連加盟国」、すなわちアメリカが、朝鮮だけではなく、「極東」で戦争した場合に、朝鮮戦争で米軍が日本の基地を戦闘作戦への出撃基地として使っているのと同じように日本が支援することを日本が約束した日米二国間条約である。

しかし、日本政府がそれを「朝鮮戦争支援文書」などと説明して、朝鮮戦争が終われば、もう用済みの条約になるかのように扱ってきたこともこれまで見てきた。

そこで、藤山は、交換公文は朝鮮戦争再発時の「兵站支援」を約束した文書だということにしておいてくれ、アメリカがそのように理解しなくてもかまわない、国連軍ではなく米軍が、兵站支援ではなく、戦闘作戦行動のために日本の基地を使用してもよいから、日本政府が国会では、日本が支援するのは、（1）朝鮮戦争再発時の国連の行動であり、（2）支援するのは戦闘作戦ではなく兵站支援だと答弁することについては、黙って見過ごしてくれ、というのである。

まさにこれは、日本防衛とは関係のない極東でのアメリカの戦争において、米軍の戦闘作戦に日本の国土を使わせながら、日本国民にはそうではないと説明することを日米両政府が合意した秘密取り決めにほかならない。そしてマッカーサーは、この藤山提案を「極めて最良」として、受け入れるよう国務長官に進言したのだった。

SECNOG11に対して、アメリカ本国の国務省はどう反応したか。藤山が国会で虚偽答弁するとしたSECNOG11のこの部分に対しては、異論は出されなかった。国務省のディロン国務長官代理ら本国の国務省が反発したのは、マッカーサーが同日、SECNOG11の一時間後に打電したSECNOG12に対してだった。

その内容は次のようなものである。

◆一九五九年五月八日午後一一時、マッカーサーから国務長官へ、SECNOG12、公電番号二三四五、秘密

以下は、吉田・アチソン交換公文の有効性継続を確認して、日本側が提案したテキストである。日本政府はこの交換公文が公表されるものと考えている。このテキストは米側提案に日本政府が答えたもので、正しく理解されていることが確認される。　　マッカーサー

「私は、一九五一年九月八日にサン・フランシスコ市で署名されたアメリカ合衆国と日

本国との間の安全保障条約、同日、日本国内閣総理大臣吉田茂とアメリカ合衆国国務長官ディーン・アチソンとの間に行われた交換公文、一九五四年二月一九日に東京で署名された日本国における国際連合の軍隊の地位に関する協定及び［　］に［　］で署名されたアメリカ合衆国と日本国との間の相互協力及び安全保障条約に言及する光栄を有します。次のことが、本国政府の了解であります。

1　前記の交換公文は、日本国における国際連合の軍隊の地位に関する協定が効力を有する間、引き続き効力を有する。

2　前記の協定第五条2にいう「日本国とアメリカ合衆国との間の安全保障条約に基づいてアメリカ合衆国の使用に供せられている施設及び区域」とは、相互協力及び安全保障条約に基づいてアメリカ合衆国が使用を許される施設及び区域を意味するものと了解される。

3　国際連合統一司令部の下にある合衆国軍隊による施設及び区域の使用並びに同軍隊の日本国における地位は相互協力及び安全保障条約に従って行われる取極により規律される。

私は、閣下が、上記に述べられた本国政府の了解が貴国政府の了解でもあることを貴国政府に代わって確認されれば幸いであります。」（傍点、筆者）(21)

マッカーサーが引用したこの日本側提案の文章の冒頭の「私」に米国務長官、最初の［　］に

「本日」、すなわち日米安保条約が署名された一九六〇年一月一九日を、次の□に「ワシントン」を入れれば、「吉田・アチソン交換公文等に関する交換公文」になる。

この「吉田・アチソン交換公文等に関する交換公文」は、現行安保条約、日米地位協定、岸・ハーター交換公文とともに一九六〇年一月一九日、岸首相とクリスチャン・ハーター国務長官が署名し、外務省条約局『二国間条約集』（一九六二年九月、三六〇～三六五頁）に掲載されている。

この「交換公文等に関する交換公文」は、一九五一年の吉田・アチソン交換公文が安保改定後も有効であることを確認する文書を作ろうとマッカーサーが言ったのに対して、日本政府が提案したものだが、その第一項では、一九五四年に結ばれた「国連軍地位協定」の効力がある間は吉田・アチソン公文も有効であると述べている。

一九五四年の「国連軍地位協定」は、日本に駐留する米軍を「国連軍」と見たてて、日本政府と、アメリカ、イギリスなど朝鮮戦争に参戦した若干の国々の政府が結んだものであるが、安保条約にもとづき日本に駐留する米軍の地位を取り決めた日米地位協定と中身はほとんど変わらない。前文では、協定の目的が吉田・アチソン交換公文を実行するためであることを明記し、実際は米軍である「国際連合の軍隊」が韓国から撤退した九〇日以内に日本から撤退するまで有効であると定めている。

このＳＥＣＮＯＧ12の「交換公文等に関する交換公文」で吉田・アチソン交換公文が国連軍地

位協定の効力がある間というのは、一九五一年の同交換公文が平和条約の付属文書だから安保改定後も有効であるとするアメリカの主張とは異なっているが、ともあれ、少なくとも、これにより、日本政府は吉田・アチソン交換公文が安保改定後も有効であることを認めたのである。

一九五〇年の国連安保理決議と一九五三年の米韓相互防衛条約により韓国に駐留する在韓米軍は、現在も「国連軍」を名乗っているが、国連決議が廃棄されない限り、「国連軍」を名乗ることができ、吉田・アチソン交換公文も有効ということになる。

(注)「国連軍地位協定」前文：一九五一年九月八日に日本国内閣総理大臣吉田茂とアメリカ合衆国国務長官ディーン・アチソンとの間に交換された公文において、同日サン・フランシスコ市で署名された日本国との平和条約の効力発生と同時に、日本国は、国際連合が国際連合憲章に従ってとるいかなる行動についてもあらゆる援助を国際連合に与えることを要求する同憲章第二条に掲げる義務を引き受けることになると述べられているので、……（以下略）

「国連軍地位協定」第五条2：国際連合の軍隊は、合同会議を通じ日本国政府の同意を得て、日本国とアメリカ合衆国政府との間の安全保障条約に基づいてアメリカ合衆国政府の使用に供せられている施設及び区域を使用することができる。

アメリカは「平和条約の付属文書」に固執

一九五九年六月八日午後七時三〇分、国務省極東局、同法律顧問、国防総省国際安全担当次官補事務所などの稟議をへてディロン国務長官代理が署名した公電が国務省から駐日大使館に入った。

公電は、吉田・アチソン交換公文が、平和条約の付属文書であり、岸［首相］の政治的立場は考慮するとしても、「交換公文等に関する交換公文」によっても、吉田・アチソン交換公文の有効性は変わらず、そのことを日本政府にはっきりさせよとマッカーサーに指示した。安保改定で野党からも自民党の中からも批判をうけ孤立している岸首相の「政治的立場への考慮」から「交換公文等に関する交換公文」にＯＫは出したが、アメリカは吉田・アチソン交換公文により行動すること、その目的は「極東その他の共産主義侵略再発の抑止」つまり同地域における米軍の行動の確保にあることを明確にしたわけである。

◆一九五九年六月八日午後七時三〇分、ディロンから大使館へ、公電番号一九一一、秘密

一九五一年九月八日のアチソン・吉田交換公文に関する日本政府の立場が注意深く検討さ

れた。交換公文の地位は二国間米日安全保障協定の改定によっても引き続きもとのままと考えられるべきである。

藤山による東京の二三四四［ＳＥＣＮＯＧ11］を報告した大使館の一九五九年五月八日付国務省あて公電との関係では次の点が指摘される。

（1）アメリカでは、［吉田・アチソン交換］公文は平和条約に不可欠な部分の文書として公表されている。（条約及びその他の国際法規シリーズ［ＴＩＡＳ］二四九〇）

（2）［交換］公文はアチソンと吉田の間で交換されたという性質のものだから、平和条約に署名した全権委員全員に公文に署名させたとすれば、それは適切ではない。

（3）もともと安保条約の付属文書として提案されたものとするのは、実体とも、［交換］公文が最終的に交換された形式とも相違している。それは明確に平和条約に関連したものである。公文は安保条約からは独立した地位にあり、その改定や廃棄には影響されない。（中略）

我々は岸が直面する政治的立場を考慮する必要をよく理解しながらも、［交換］公文の法的地位に影響させないことが望ましいということを、次のような見地から日本政府に納得させてくれるよう希望する。（1）この問題に対する議会の関心、（2）朝鮮国連軍の地位に関心が薄れたことを反映するような行動はとらないという米日共通の関心、（3）当地及び極東の他の場所における共産主義侵略再発の抑止という我々の引き続く努力を妨害する行動は避けるのが望ましいこと、（4）国連加盟国としての、とりわけ安全保障理事会における日本の現在の立場。

以上のように、我々はSECNOG11における日本政府の一方的な解釈に同意したり、それを承認したりする用意はない。(22)

この公電でディロンが「平和条約に署名した全権委員全員に公文に署名させたとすれば、それは適切ではない」と述べているのは、この吉田・アチソン交換公文については、一九五一年九月八日、平和条約に全権団全員が調印したサンフランシスコのオペラ・ハウスではなく、同日の夜に、同じくサンフランシスコ市内だが、米陸軍第六軍司令部で、日米安保条約と同様、吉田首相一人が署名したことを指している。平和条約の付属文書だとして、同条約と同様に全権団全員の署名が必要だったとすれば、苫米地《とまべち》、徳川ら安保条約への署名を拒否した全権委員は当然、交換公文への署名も拒否するだろうから、交換公文が日の目をみることはなかっただろう。このため、安保条約の調印後に吉田ひとりが署名したのである。

それでも、この重大な日米二国間条約は、「吉田・アチソン交換公文」として、平和条約の付属文書でなければならなかった。なぜか？　平和条約第五条第三項には、アメリカの軍事戦闘作戦を日本に支援させるために「国連の行動にあらゆる援助を与える」と書きこまれており、吉田・アチソン交換公文はこれを根拠にしているからである。

以上のディロン国務長官代理による指示に対して、マッカーサーは次のように返電した。（一部抜粋）

◇一九五九年六月一〇日午後七時、マッカーサーから国務長官へ、公電番号二六四三、秘密

吉田・アチソン交換公文を生かし続けるために、日本側はSECNOG12のもとでその有効性を確認している。同時に、日本側によるSECNOG11の解釈には我々はいかなる同意も与えていないし、日本側もそれを要求しなかった。(23)

◇一九五九年六月二一日午後五時、マッカーサーから国務長官へ、公電番号二七五一（セクション2）、極秘

要約すれば、SECNOG12で提案された交換公文のもとで、実際問題として、我々は現にもっており、あるいは日本との［事前］協議なしに効果的に行使できるいかなる「権利」も放棄していない。もし我々が提案された公文［吉田・アチソン交換公文等に関する交換公文］

を交換しないなら、吉田・アチソン交換公文は、日本側解釈によれば、国連軍地位協定の下ではその実質が続くとしても、日本の法律に関する限りは失効するだろう。(24)

マッカーサー電によれば、アメリカが安保改定後の吉田・アチソン交換公文の有効性を主張し、いかなる権利も放棄しなかったのに対して、日本政府はそれを否定せず、何の要求もしなかった。結局、日本政府はSECNOG11の藤山発言で、吉田・アチソン交換公文について虚偽の国会答弁をするという密約をアメリカと結んだうえに、同交換公文とは異なる「交換公文等に関する交換公文」なる文書をつくり、かつそれを公表することによって、あたかも吉田・アチソン交換公文がもう存在しないかのように印象づけ、「極東」における戦闘作戦への日本からの出撃には新安保条約による事前協議が行われるかのように見せかける方法をとったのである。

岸内閣が安保改定で「日米新時代」「対等・平等、相互尊重の日米関係」を強調した根拠は、新しい安保条約第六条の実施に関する岸・ハーター交換公文により、米軍の核兵器持ち込みとともに、戦闘作戦行動のための基地使用が事前協議の対象になるということであった。

しかし、マッカーサー駐日大使は、安保改定交渉の中で吉田・アチソン交換公文の有効性が確認されたことで、事前協議なしに米軍は日本の基地から戦闘作戦行動に出撃できることを改めて明確にすることによって、旧安保条約の下でと同じように日本の基地を使えるのかというアメリカ軍当局や有力議員の間にあった懸念に答えたのである。

日本政府はそのことを隠して、国会では「朝鮮事変があるかぎりそのまま残るが、新安保条約における事前協議の対象になることの定めをしておく。別個の交換公文によってこれを明らかにするつもりだ」（藤山外相一九五九年一二月二四日衆議院外務委員会）と、ＳＥＣＮＯＧ11の密約通り虚偽の答弁を続けた。

「安保闘争」で変えられた統合参謀本部の文書

一九六〇年五月二〇日、統合参謀本部は同年六月に予定されていたアイゼンハワー大統領訪日のための準備の一つとして、「日本に対するアメリカの政策」と題する極秘報告書を国家安全保障会議（ＮＳＣ）に提出した。

国家安全保障会議というのは、大統領が議長を務め、内務、外務、軍事の政策を一体化して大統領に助言する、安保・軍事問題に関するアメリカの最高の国家機関である。

極秘報告書は、日本の情勢とこれにもとづく政策の全般にわたって提言しているが、岸・ハーター交換公文で定式化された事前協議について次のように述べていた。

「アメリカはこの条約取決めの下で、中距離及び長距離のミサイルを含む核兵器の持ち込み、朝鮮国連軍に対する攻撃に緊急に対応する戦闘作戦を除く、日本防衛とは直接関係のない軍事戦闘作戦への、日本の基地からの発進に先立っては、事前協議をすることを約束した。兵站や移動の作戦では日本との事前協議は必要ない。」（傍線は筆者）(25)

すなわち、①核持ち込み、②日本防衛と関係のない軍事戦闘作戦への出撃――の二つは、事前協議の対象であるが、傍線を引いた部分、すなわち、「朝鮮国連軍に対する攻撃に緊急に対応する戦闘作戦」は、事前協議の対象から除く、ということである。

朝鮮戦争が続いていた間、米軍が日本の基地から事前協議なしに戦闘作戦に出撃することは、占領下はもとより平和条約発効後も、米軍は公然と行っており、なんら秘密ではない。それは、吉田・アチソン交換公文の前半でも、日本政府が認めたことである。本章の冒頭では、安保改定時の吉田・アチソン交換公文に関するアメリカ政府の文書は黒塗りや引き抜きなど非公開部分が多いと述べたが、朝鮮戦争再発時の米軍による基地の使用は事前協議の対象ではないとする部分に関しては、黒塗りはされていない。

だから、安保条約に対する日本国民の批判が高まりつつあった一九六〇年五月でも、米統合参謀本部は国家安全保障会議へ提出した文書で、米軍が日本から朝鮮半島に出撃する際には事前協議をしないことを隠す必要はなく、公然と明らかにしていたわけである。

ところが、これは三週間後に変更された。統合参謀本部は一九六〇年六月一一日、この報告書の中の「朝鮮国連軍に対する攻撃に緊急に対応する戦闘作戦を除く、日本防衛とは直接関係のない軍事戦闘作戦への、日本の基地からの発進に際しては、事前協議をすることを約束した。兵站や移動の作戦では日本との事前協議は必要ない」という文章を黒く塗り潰した。これによって、一九六〇年五月二〇日には公然と書いていたのに、「韓国軍支援の出撃は事前協議から除く」ということを隠してしまったのである。(26)

では、この三週間の間に、いったい何があったのだろうか。

日本では、一九六〇年五月二〇日午前零時直前、岸内閣が衆議院に警官隊を導入、野党議員をごぼう抜きにして会期延長を議決し、翌二〇日未明、新安保条約と地位協定を強行採決した。

これを契機に安保条約反対の世論は一挙に広がった。安保改定に不安を感じていた多くの国民は、安保改定に見せた岸首相の強権的態度に、安保条約の危険性をいっそう強く感じとった。「安保反対」の声は全国に、そして、思想・信条、政党・政派の違いを超えて国民の間に広がった。東京の国会周辺は安保反対のデモで埋めつくされた。六月四日には全国で労働者がストを打った。警視庁は訪日するアイゼンハワー大統領の警備に責任を持てないと政府に通告し、岸首相はアイゼンハワー大統領の訪日延期を要請することを決めた。

統合参謀本部が国家安全保障会議に提出した文書のなかで、朝鮮有事の戦闘作戦のための基地使用は事前協議の対象でないという部分を含めて秘密にしたのは、まさにこの時期だったのである。

さらにその理由を深く知るには、少し時間をさかのぼって米国務省内のやり取りも見る必要がある。

ハーター国務長官は一九五九年六月二四日の極秘公電で、朝鮮に対する共産主義侵略が再発した場合には、日本政府との事前協議なしに、必要な軍事戦闘作戦に日本の基地を使えるのかとマッカーサー駐日大使に念を押してきた。それに対してマッカーサーは、それは安保条約第六条の事前協議とは別の問題であるとして、次のように述べた。

◆一九五九年七月六日午後七時、マッカーサーから国務長官へ、公電番号四三、極秘

私は岸と藤山に次のように言った。在日米軍は吉田・アチソン交換公文で朝鮮における国連の防衛作戦を直接支援することを明確に定めており、それに備えなければならない、と。

（中略）

もし、朝鮮で共産主義の侵略が再発すれば、アメリカと日本が引き受けた国連の義務として、また国連安保理と国連総会の決議にもとづいて、米軍は国連を支援して行動するだろう。

だから、朝鮮で国連軍に対する攻撃が再発した場合は、［安保条約第六条の］事前協議の取り決めとは全く違う問題なのである。（中略）時間がかかりすぎる事前協議をしているうちに、米軍指揮下の軍隊は崩壊し、朝鮮半島全体を失ってしまい、そうして、日本が最も危険な立場におかれることになりかねない。(27)

日本は、吉田・アチソン交換公文により、朝鮮における国連の行動を支援する約束をしている。だから、そこで戦争が再発した場合は、米軍を支援する義務があり、事前協議など問題にならない、だいたい事前協議をしていれば、米軍が出撃する前に、朝鮮は占領されてしまうではないかというのである。アメリカは朝鮮戦争で事前協議などするつもりは最初からなかったことをあけすけに語っているのである。

そうである以上、朝鮮問題で事前協議をしないという、いわゆる「朝鮮有事密約」は最初から存在していないのである。存在しているのは、米軍が「極東」で戦争する場合に、日本が支援することを約束した吉田・アチソン交換公文であり、安保改定では、それが有効であることを確認するとともに、日本政府は国民に対して「朝鮮国連軍への兵站支援だ」と虚偽の説明をしてもよいという密約だった。

有識者委員会の密約隠し

舞台を安保改定から五〇年を経た二〇一〇年三月九日の東京に移そう。

民主党政府が任命した「日米間の密約に関する外務省有識者委員会」は、核持ち込み密約に関する報告書などとともに、いわゆる「朝鮮有事密約」に関する報告書を公表した。

その中で有識者委員会報告は、「マッカーサー大使は吉田・アチソン交換公文に関連した形で、朝鮮有事に限定して非公開の文書をまとめるよう強く求めた」「『朝鮮有事では緊急事態として事前協議を回避しうる』とする朝鮮議事録に一九五九年一二月二三日に日米が合意した」と述べている。安保改定のさいに日米政府が結んだ米軍出撃の密約は「朝鮮有事密約」だというわけである。

そのうえで、有識者委員会の報告は、一九六九年一一月二一日の沖縄返還交渉の際に佐藤首相が朝鮮有事では、事前協議に「前向きかつすみやかに態度を決定する」と言ったので、朝鮮有事での米軍出撃支援の約束は密約でなくなり、「朝鮮有事密約」は有効性を失った、だからもう密約は存在しないと結論づけた。

しかし、これまでアメリカ政府の解禁文書で見て来たとおり、日米政府が条約として結んでいる吉田・アチソン交換公文は、朝鮮有事だけでなく、「極東」への米軍出撃を日本が支援するものである。これは、同交換公文の後段に明確に書いてあることである。事前協議を骨抜きにする密約は「朝鮮有事」ではなく「極東」への米軍出撃についてのものなのである。そして、安保改定を経ても、吉田・アチソン交換公文は現に生きている。

それなのに、有識者委員会の報告は、米軍が日本の基地を使って海外に出撃する密約を、「朝鮮有事密約」にすり替えたうえで、その有効性はなくなったとして、密約の存在を否定したのである。外務省が有識者委員会を設置した目的の一つは、ここにもあったと言わざるを得ない。これもまた〝密約隠し〟である。

(18) From Dulles to Embassy, Tokyo, Sep.29, 1958, No.474, Secret, RG59, 1955-59
(19) From Tokyo to Secretary of State, Oct.5,1958, 3pm, No.743 (Section Two of Two), Secret, RG59
(20) Incoming Telegram from MacArthur to Secretary of State, May8, 1959, 10pm, No.2344, SECNOG11, Confidential, RG59, 1955-59, Box3970
(21) From Tokyo to Secretary of State, May 8,1959, 11pm, No.2345, SECNOG12, Confidential, RG59, Files1955-59, Box3970
(22) From Dillon, Acting Secretary of State to Tokyo, Jun.8,1959, 7:30pm, No.1911, re SECNOG11 and 12, Confidential, RG59, Box3970
(23) From MacArthur to Secretary of State, Jun.10,1959, 7pm, No.2643, Confidential, RG59, Box3970
(24) From MacArthur to Secretary of State, Jun.21,1959, 5pm, No.2751, (Section Two) Secret, RG59, Box3970
(25) Note by the Executive Secretary to the National Security Council on U.S. Policy toward Japan, NSC6008, May 20, 1960, Secret, RG218, Box75
(26) Note by the Executive Secretary to the National Security Council on U.S. Policy toward Japan, NSC6008/1, Jun.11,1960, Secret, RG218, Box75
(27) From MacArthur to Secretary State, Jul.6,1959, 7pm, No.43, Secret, RG59

公電の入電(Incoming Telegram)、打電(Outgoing Telegram)の区別、ファイル名は最初のみ記す。Box 番号などは末浪のメモなどにより判明しているもの。No. は公電や文書の番号。アイゼンハワー図書館文書は FRUS 所収、マッカーサー記念館文書は国立国会図書館憲政資料室保管によった。

筆者

of Staff on the United States Policy toward Japan, Dec.28,1950, Top Secret, on File in JCS Secretariat, Enclosure Draft Memorandum for Secretary of Defense, RG218

(8) Memorandum for Security of Defense for Joint Chiefs of Staff by Hoyt S. Vandenberg, Apr.17,1951, Top Secret, RG59, Lot File, Peace Treaty with Japan.

(9) Report by the Joint Strategic Survey Committee to Joint Chiefs Staff on United States-Japan Security Treaty, Jul.14,1951, Enclosure Draft Memorandum for Secretary of Defense, Top Secret, RG218

(10) Memorandum of Omar N. Bradley, Chairman Joint Chiefs of Staff, for Secretary of Defense, Subject: United States-Japan Security Treaty, Jul.17,1951, Top Secret, RG59, 1950-54

(11) Memorandum by Fearey, Tokyo-1951, Subject: Minute—Dulles Mission Staff Meeting Apr.18,1951, 9:30am, RG84, 1945-52, Box60 Memorandum of Conversation, Apr.18,1951, Subject: Japanese Peace Treaty, Secret, RG59, Peace Treaty Files of John Foster Dulles, 1952-1953. Apr.1951, Lot 54 D 423, Box8

(12) The United States Political Advisor to SCAP (Sebald) to Secretary of State, Jul.31,1951, 7pm, Top Secret, Telegram, / United States-Japanese Draft of a Bilateral Security Treaty, Jul.31, 1951, Secret, FRUS, 1951, Vol.6 1232page, United States-Japanese Draft of a Bilateral Security, Jul.31,1951, Secret, ibid, 1233page

(13) Telegram Received, From Department of State, Dulles to Sebald, Aug.2, 1951, Received: Aug.4,1951, 4pm, No.169, Secret, RG84, Box60

(14) From Robert A. Lovett to Secretary of Department of State, Aug.11, 1951

(15) Memorandum for the Records, MacArthur Ambassador to Japan, Sep.11, 1958, Secret, RG59, Office of the Legal Advisor, Dec.1958, East Asian Affairs Branch, Japan Security File. Memorandum for the Records, Subjects: Revision of the U.S. − Japan Security Treaty, Box1

(16) Joint Communique by President Truman and Prime Minister Churchill, Jan.9,1952, United Kingdom, Pertinent Language of Agreement, and Proposed Formula to Deal with Japanese Request, RG59, Office of the Legal Advisor

(17) Memorandum by Robert A. Fearey of Northeast Asian Affairs, 1951, Secret, Minutes—Dulles Mission Staff Meeting February 8, 9:30am, RG59, Lot 54D423 FRUS, 1951, Vol. 6, 869page

RG59,Box3970
(21) From Dillon to Embassy Tokyo, May.9,1959, 12:27pm,No.1674, Confidential, RG59, 1955-59, Box3970
(22) From MacArthur to Secretary of State, May.10,1959, No.2357, Secret, RG59, Box3970
(23) From MacArthur to Secretary of State, Feb.16,1960, 5pm, No.2649, Confidential, RG59, Box3970
(24) Memorandum of Conversation, Feb.13,1957, Participants: Kazuyoshi Inagaki, Takeshi Yasukawa, Richard L. Sneider, Subject: Statement by Foreign Minister Kishi on the "Allison- Shigemitsu Understanding " RG59
(25) Report by the Joint Strategic Plans Committee to the Joint Chiefs of Staff on Atomic Weapons Employment, JCS2180/113, Jan.29,1958, Top Secret, RG218, 1955-59, Box8
(26) Joint Chiefs of Staff, Decision on J.C.S.2180/120, A Report by the J-5 on Security Treaty-Japan, Sep.10,1958, Secret, RG218, 1955-59, Box8

【第Ⅴ章】

(1) From MacArthur Tokyo to Secretary of State, Dec.13,1959, 1pm, No.1863, Confidential, RG59, 1955-59
(2) From L/FE-Ely Maurer to L-Becker; Subjects: Circular 175 Request for Authorization to Enter into Negotiations for a New Mutual Cooperation and Security Treaty with Japan, Sept.12,1958, Secret, RG59, East Asian Affairs, Office of Legal Advisors
(3) Message From CINCPAC CP H.M. Smith to JCS, Dec.23,1959, Secret, No.230319Z, Secret, RG218, JCS1959-61, Box133
(4) Message From JCS to CINCPAC, Dec.24,1959, Secret, No.970108, Secret, RG218, Box133
(5) Memorandum for the Record: "Japanese Peace Treaty", Jan.4, 1951, Micro Film C-0043, Reel 25, 54-D4-2, Japanese Peace treaty Files of John Foster Dulles, 1949-52
(6) From Dulles, Consultant to Secretary to Secretary of State, Feb.10, 1951, Secret, Enclosure, Memorandum, Feb.9,1951, by John M.Allison and Sadao Iguch, Annex Ⅲ , FRUS, 1951, Vol.6, 874-876page
(7) JCS2180/2, Report by Joint Strategic Survey Committee to Joint Chiefs

(4) From MacArthur to Secretary of State, Apr.10,1957, 6pm, No.2257 (Section two), Secret, RG59, 1955-59, Box2578
(5) From General USFJ to Embassy Tokyo, Dec.27,1957, Secret, RG59, Lot File61D68, Box9
(6) Letter from Robertson to Secretary of State, Mar.28,1958, Subject: Reappraisal of United States Politics toward Japan, Secret, RG59, 1955-59, Box2578
(7) From to Dulles, Oct.22,1958, 7pm,No.874, Secret, RG59
(8) Memorandum of Conversation, Sep.9,1958, 11:30am, Subject:State-Defense Discussion Concerning Revision of Japanese Security Arrangement in Preparation for Meeting between the Secretary and Foreign Minister Fujiyama, Secret, RG59, Box2580
(9) Memorandum for the Assistant Secretary of Defense, Oct.23,1958, Subjects: Definition of "Operation Use"of U.S.Bases, by Robert L. Dennison Deputy Chief of Naval Operation, Secret, RG218, Box8
(10) Memorandum for the Secretary of Defense, Draft Enclosure"A", Subject: Security Treaty-Japan, Sep.10,1958, Secret, RG218
(11) From MacArthur to Secretary of State, Jun.10,1959, 10pm, No.2644, Confidential, RG59, Box3970
(12) From Dillon to MacArthur, Jun.16,1959, 7:30pm, No.1972, Confidential, RG59, Box3970
(13) From Department of State, Herter to Embassy Tokyo, Nov.17,1959, 6:57pm, No.1217, Confidential, RG59, Box3970
(14) Memorandum for the Record, Nov.25,1959, Subject: Revision of United States-Japanese Security Arrangements. Confidential, RG59
(15) From Tokyo to Secretary of State, Nov.28,1958, 6pm, No.1115 (Section One of Two), Secret, RG59, Box2580
(16) From Tokyo to Secretary of State, Nov.28, 1958, 6pm, No.1115 (Section Two of Two), Secret, RG59, Box2580
(17) From Herter to Embassy for MacArthur, Nov. 28,1958, No.802, Secret
(18) From Dulles to Embassy for MacArthur, Nov.28, 1958, 3:58pm, No.824, Secret, RG59
(19) Memorandum of Conversation, Jan.19,1959, Subject: Background of Security Treaty Negotiations in Tokyo, Participants: Horsey, Bane, Swayne (International Relations Officer, Office of northeast Asian Affairs), Secret, RG59, Box2580
(20) From MacArthur to Secretary of State. Apr.9,1959, 9pm, No.2076, Secret,

Box3966

(16) Memorandum from L/SFF, John E. Fonder to L, Loftus Becker, Sep.10, 1958, Subject: Background Information concerning Airman Longpre, Confidential, RG59, 19-B.3, Box12

(17) Letter from Howard Parsons Esquire, Director, Office of the Northeast Asian Affair Department of State, to Robertson, Sep.15,1958, Subject: Longpre Case-Request for Waiver of Japanese Jurisdiction, Confidential, RG59, 19-B.3, Box12

(18) Trial Observers Report in the Case of Airman third class Peter E. Longpre in the First Criminal Division, Urawa District Court by Wesley C. March, May, USAF, U.S. Representatives, RG59, Box12

(19) From MacArthur to Secretary of State, Aug.20,1959, 7pm, No.479, Secret, RG59, 1955-59, Box2580

(20) From Macarthur to Secretary of State,Aug.20,1959, 7pm, No480, Official Use Only, RG59, 1955-59, Box2680

(21) From MacArthur to Secretary of State, Feb.12,1958, 8pm, No.2083, Secret, RG59, 1955-57, Box2580

(22) Letter from Horsey, Embassy Tokyo to Howard L. Parsons, Director, Office of Northeast Asian Affairs, Oct.17,1958, Confidential, RG59, 4-A.2

(23) Memorandum for Secretary of Defense, Subject: Documents Relating to the Japanese Peace Treaty, Aug.8,1951, Signed by Omar N. Bradley, Chairman, Joint Chiefs of Staff, Subject：Documents Relating to the Japanese Peace Treaty, Secret, RG218

(24) Memorandum by Deputy to Consultant (Allison) to Assistant Secretary of State for Far Eastern Affairs (Rusk), Aug.22,1951, Secret, FRUS, 1951, Vo23, Japan 1286page

【第Ⅳ章】

(1) From Dillon, Acting Secretary of State to Embassy Tokyo, Aug.24,1959, No.537, Confidential, RG59, 1955-59, Box2918

(2) From Herter, Secretary of State to Embassy, Tokyo, Sep.13,1959, No.603, Confidential, RG59, 1955-59, Box2918

(3) From MacArthur to Secretary of State, Oct.8,1959, No.C-187, Confidential, PRTD INFO: CINCPAC G-68, COMSJAPAN, Limited Distribution, CINCPAC Exclusive for POLAD and Adm. Felt, COMUSJAPAN Exclusive for Gen. Burns, RG59,1955-59, Box2919

❖本書で引用した米公文書館の文書

【第Ⅲ章】

(1) From Embassy Tokyo, Outerbridge Horsey to Secretary of State, Feb.8, 1957, 7pm, Unclassified, RG59, 1955-59, Box2918

(2) From Horsey to Secretary of State, Feb.12,1957, 1pm, No.1751, Official Use Only, RG59, Box2918

(3) From MacArthur to Secretary of State, Feb.26,1957, 6pm, No.1869, Secret, RG59, Box2918

(4) From Department Of Army To Commander In Chief, Far East(Lemnitzer), Apr.26,1957, 6:03pm, No.DA921933, Confidential, FRUS, 1955-57, Vol.23, Japan, 283page

(5) From Department of State (Herter) to Embassy in Japan, May.1, 1957, No.2381, Confidential, RG59, 1955-59, Box2918

(6) From MacArthur to Department of State, May.16,1957,7pm, No.2641, Confidential, RG59, 1955-59, Box2918

(7) ibid. FRUS, 1955-57, 292page

(8) Memorandum from Robertson Assistant Secretary of State for Far Eastern Affairs to Secretary of State, Subject: Trial of Specialist 3/c Girard by Japanese Court, May 20,1957, Secret, RG59

(9) Memorandum of Telephone Conversation Between the President and the Secretary of State, Washington, May 24,1957, 8:35am, Eisenhower Library, Dulles Papers, FRUS, 1955-57, Japan 316page

(10) Memorandum for the Record of a Meeting, White House, Washington, May 28,1957,Noon, Confidential, Eisenhower Library, Whitman File, FRUS, 1955-1957, Vol.23, 333-334page

(11) Supplementary Notes on the Legislative Leadership Meeting, Jun.4, 1957, Confidential, Source: Eisenhower Library, Whiteman File, Legislative Meeting, Confidential, FRUS, 1955-57, Vol.23, Japan, 337page

(12) Comparative Analysis of the Administrative Agreement and the Japan Status of Forces Agreement, Department of State,RG59, 1960-63, Pol.28

(13) Memorandum of a Telephone Conversation Between the President and the Secretary of State, May 24,1957, Eisenhower Library, FRUS, 1955-57, Vol.3, China, 528page.

(14) From Wilson, Secretary of Defense to Dulles, Secretary of State, Aug.26, 1957, Confidential, RG59, Box3966

(15) Letter from Ockey to Robertson, Oct.8,1957, Confidential, RG59, 4-A.2,

(14) Letter, U. Alexis Johnson, Under Secretary of State to Laird, Oct.3, 1972, Secret, Def 15-6, Japan-US, RG59, Box1754

(15) Rogers to Ericson, Oct. 21,1972, No.192742, Confidential, Pol.7 Japan, RG59, Box1752

(16) From Ingersoll to Secretary of State, Oct. 26,1972, No.11443, Confidential, Def 1, Japan-US, RG59, Box1752

(17) From Ingersoll to Secretary of State, Oct.28,1972, No.11524, Confidential, RG59, Def Japan-US, Box1752

(18) From Rogers, Ericson to Ingersoll, Jan.12,1973, No.7001, Secret, Pol. Japan-US, RG59, Box1752

(19) From Alexis Johnson to Embassy Tokyo, Dec.5,1972, No.220211, Secret, Def 1, Japan-US, RG59, Box1752

(20) From Ingersoll to Secretary of State, Jan.24,1973, No.0854, Secret, Def 1, Japan-US, RG59, Box1752

(21) From Ingersoll to Secretary of State, May 17,1973, No.06165, Confidential, Def 1, Japan- US, RG59, Box1752

(22) From EA/J-Richard A. Ericson to East Asia Interdepartmental Group Working Level Agency Representatives, Mar.12,1973, Secret, Pol. 1, Japan-US, RG59, Box2409

(23) Joint Meeting for the Negotiation of Administrative Agreement, Official Minute, Feb.26, 1952, RG218, JCS195-53, Box64

(24) Summary of Proceedings, Joint Meeting for Negotiation of U.S.-Japan Administrative Agreement, Feb.8,1952, Secret, Security Information, RG59, Box26

(25) Record of Japanese Government's Position during Course of Negotiation of Administrative Agreement, Feb.27,1952, Box64

(26) No.15 Report from Rusk, Feb.8,1952, No.1653, RG218, Box64

(27) Policy for Designation of Facilities, Agreed by the Preliminary Working Group at the 3rd meeting, Mar.10,1952, RG218, JCS1951-53, Box26

(28) Additional Agreement on Temporary Facilities, Dec.10,1952, Recommendation to the Joint Committee Concerning the Use of Port Facilities under the Administrative Agreement Between the United States of America and Japan, Port and Harbor Sub-Committee, Dec.10, 1952, RG218, JCS1951-53, Box26

Oct.24,1978

(iii) From Chiles to Miami District Office, Oct.24,1978, RG237, Box489

(4) (i) Robert Stafford, United States Senator, to Director Congressional Liaison Office, FAA, Washington D.C. May 24,1978, RG237

(ii) From Eckert, Special Counsel to the Administer to Senator, May 26, 1978

(iii) From Margaret Boylan to Stafford, May 26,1978

(iv) From Robert Whittington to Senator, Robert Stafford, Jun.6,1978

(5) From Embassy Tokyo, Ingersoll to Secretary of State, Aug.5,1972, 7:53am, Immediate, Subject: Demonstration at North Pier, Yokohama, No.08347, Confidential, RG59, Subject-Numeric File,1970-73, Def.12 Japan-US, Tank Stop, Box1754

(6) From Ingersoll to COMUSJAPAN, Immediate, Aug.6,1972, pm14:01, No.08350, Confidential, 1970-73, Def.12, US

(7) Joint State-Defense Message, from Department of State, Rogers to Embassy, Tokyo, Aug.7,1972, 10pm, No.142966, Subject: Demonstration at North Pier, Yokohama, Confidential, Pol.23-8 Japan Box1752

(8) From Ingersoll to Secretary of State, Aug.1,1972, Subject : US-Japan SOFA Joint Committee, Procedure for Coordination between Embassy and USFJ, Unclassified,1970-73, Def 15-3 Japan-US

(9) From Kenneth Rush to John N. Irwin, Aug.25,1972, Secret, RG59, Def 12 US Memorandum: from L/EA-.Thomas Johnson, Jr. to EA/J-James Shinn, Oct.5,1972, Subject: Limitations on Movement of U.S. Armed Vehicles in Japan, Limited Official Use Only, RG59, 1970-73, Def. 15-6 Japan-US, Box1754

(10) Memorandum from L/EA. Thomas Johnson to EA/J. James Shinn, Oct.5, 1972, Subject: Limitations on Movement of U.S. Armored Vehicles in Japan, Limited Official Use Only, Subject-Numeric Files, 70-73, Def 15-6 Japan-US

(11) Memorandum For President by Henry A. Kissinger, Aug.29,1972, Subject: Your Meeting with Japanese Prime Minister Tanaka in Honolulu on August 31 and September 1, Top Secret

(12) Memorandum of Conversation, Aug.31,1972, Kuilima Hotel, Hawaii, Subject: Movement of Heavy U.S. Military Equipment Over Japanese Road System, Confidential

(13) Letter, From Melvin R. Laird to William P. Rogers, Secretary of State, Sep.12,1972, Secret, Def 15-6 Japan

(37) From Allison to Butterworth, Apr.11,1950, Subject: U.S. Bases in Japan Secret, RG59, Box2865
(38) Joseph N. Dodge, May.2,1950, Subject: Discussion of Japanese Peace Treaty with Mr. Ikeda, Finance Minister of Japan. Top Secret, RG59, Office of Legal Advisor, Office Assistant Legal Advisor Eastern Affairs, Subject Country Files 1941-1962, Box2
(39) From Allison to Rusk, Yoshida's View on US Base in Japan, Aug.3, 1950, Secret, RG59, ibid, Box3199
(40) From Embassy Tokyo to Department of State, Apr.12,1950, Subject : Press Discussion of American Military Bases in Japan, RG59
(41) Security Information, From Embassy Tokyo to Department of State, Apr.8,1953, Subject: Japanese Attitude toward Administrative Agreement, Confidential, RG59, Box2172
(42) From Embassy Tokyo to Department Of State, Jan.21,1960, 8pm, Official Use Only, RG59
(43) Air Pouch, From Embassy Tokyo to Department of State, Jan.29, 1960, Official Use Only, Subject : Security Study Council, Foreign Service Despatch, No.893, RG59
(44) From Douglas MacArthur II to Chief Justice Tanaka, Oct.25, 1960, RG59, 1960-63, Box2172
(45) From Kotaro Tanaka to Douglas MacArthur II , Nov.4,1960, RG59, 1960-63, Box2172
(46) Memorandum of Conversation, Aug.19,1960, Subject: Courtesy Call on Mr. Parsons, Confidential

【第Ⅱ章】

(1) From Embassy Tokyo to Secretary of State, Apr.28.1961, No. G-1392, Limited Official Use Only, RG59, 1960-63
(2) (i) From H.L. Rogers, District Superintendent of Schools to Chappell, Oct.18,1978, RG237, Box397
(ii) From Philip Swatek to Senator Chiles, Nov.7,1978
(iii) From James Harold Thompson, Representative District to Senator Chiles, Mar.23,1979
(iv) From Chiles to Swatek, Apr.11,1979
(3) (i) From Residents in 3 miles north of Waldo to Captain Wellman, Naval Air Station Cecil Field, FL. Nov.13,1978, RG237, Box489
(ii) From Lawton Chiles, Senator to Sheppard, FAA, Miami, Florida,

Asian Affairs, Kennan File, Box2
(23) The North Korean Pre-Invasion Build-up, MacArthur Archives
(24) From John, B. Howard to Butterworth, Nov.4,1949, Summary Memorandum of Reactivation of Japanese Armed Forces, Top Secret, Confidential U.S. Study Department Special Files, Japan, RG59, Japan Confidential Special Files, 1946-66, Box3006
(25) Alternative Courses of Action with Respect to Japanese Peace Treaty, Dec.14,1949, By Howard, Top Secret, RG59, Lot File 65 D324, Box2
(26) J.B. Howard, Jan.3,1950, Subject: Recommendation of Action on the Peace Treaty with Japan, Secret, RG59, 1950-54, Box3006
(27) From Howard to Rusk, Feb.1,1950, Meeting on Japanese Security Arrangement, Top Secret, RG59, Office of Legal Advisor for Far Eastern Affairs, Subject Country Files, 1941-1962, Box2875
(28) Effect of Japan's Renunciation of war on Japanese Contribution to Military Sanctions, By J.B. Howard, Mar.3,1950, Secret, RG59, Lot File 56 D423, Box8
(29) From Sebald, Tokyo to Secretary of State, Mar.25,1950, 9:14am, No.304, Secret, Restricted, RG59, Box3199
(30) From R. Fearey to Allison, Apr.7,1950, Secret, Subject: US bases in Japan, RG59, The Office of the Northwest Asian Affairs, Relative to Peace Treaty, Kennan File Box2
(31) From Howard to Butterworth, Mar.9, 1950, Subject: Japanese Peace and Security Settlement, Top Secret, RG59, Box3006
(32) Memorandum for the Secretary of State, Mar.23,1950, Subject: A Suggested Approach to the Japanese Treaty problem, Secret, RG59, 1950-54, Box2875
(33) Memorandum of Conversation, Apr,7,1950, Subject: Japanese Peace Settlement, Top Secret, RG59, 1950-54, Box1
(34) Japanese Peace Settlement, Memorandum for the President, Sep.7, 1950, Signed by Dean Acheson Secretary of State and Johnson Secretary of Defense, Top Secret, RG59, Japan Peace Treaty General Files, Box5
(35) Memorandum of Conversation, Jan.19,1951, Subject: Japanese Rearmament, Participants: Professor Nobunari Ukai, Tokyo University, Restricted, RG59, Box4247
(36) From Allison to Butterworth, Apr.10,1950, Secret, Subject: US Bases in Japan, RG59, 1950-54, Box2865

Official Use Only, RG84, ibid. Box70

(9) Air Pouch, From Embassy Tokyo to Department of State, Sept.11,1959, No.341, Subject: Supreme Court Decision in the Matsukawa Train Derailment Case; Public and Press Reaction to the Decision; and Communist Exploitation on the Case, Confidential, RG59, 1955-59, Box3967

(10) From MacArthur to Secretary of State, Dec.16,1959, 6pm, No.1909, Confidential, RG59, Box2919

(11) From MacArthur to Secretary of State, Dec.17,1959, 9pm, No.1921, Confidential, RG59, Box2919

(12) Air Pouch, From Embassy, Tokyo to Department of State, No.391, Oct.4,1960, Secret, Box2174

(13) Joint Weeka9, From CINCFE Tokyo to CSGID, Mar.4,1950, No.CX55213, Department of Army, Staff Communications Office, Secret, RG59, 1960-63, Box4235

(14) Japanese Chief Justice, Supreme Court of Japan, Mar.3,1950, Confidential, Secretary Documents of POLAD Offices, RG84, Japan Office of U.S. Political Advisor, Box69

(15) From Embassy Tokyo, Cloyce K. Huston, Counselor of Mission to Secretary of State, Mar.11,1950, No.337, Subject: Appointment of Kotaro Tanaka as Chief Justice of the Supreme Court, Confidential, RG84, Japan Office, Box69

(16) From CINCFE Tokyo to Department of Army for G-2 Pass to OSUSAF, Jan.6,1951, No.CX52817, Secret, Weeka 51, RG59, 1950-54, Box4235

(17) From Embassy Tokyo to Department of State, Jan.29,1953, No.1465, Confidential, RG59,1950-54, Box70

(18) From CINCFE Tokyo to Department Army Washington DC For G2, May 4,1951, CX61709, Secret, RG59, Box4232

(19) Letter from Allison, Tokyo to Dulles, Secretary of State, Jun.7,1956, 6pm, No.2845, Official Use Only, Box3967

(20) Letter from Walter S. Robertson to Dean Rusk, Jun.21,1956, RG59, Box3967

(21) From Butterworth FE to Acheson, Jun.22,1949, Current Strategic Evaluation of the U.S. Security Needs in Japan, Top Secret

(22) Memorandum of Conversation, by Robert A.Fearey of the Office of Northeast Asian Affairs, Nov.2,1949, Subject: General MacArthur's Views on a Japanese Peace Treaty, Secret, RG59, Office of Northeast

本書で引用した米公文書館の文書

✣引用したRG（Record Group）とファイル

RG59（国務省）
Central Decimal Files（十進分類法によるファイル）,1949, 50-54, 55-59, 60-63,66
Subject-Numeric Files（主題・番号分類法によるファイル）,1963, 64-66, 67-69,70-73
Office/Lot Files（機関や部署のファイル）対日平和条約、極東局、法律顧問室など
RG84（在外公館）の駐日大使館 Classified General Records 50-69
RG218（統合参謀本部）Geographic Files, 1951-53, 54-56, 57, 58, 59-61
RG237（連邦航空局）Administrator's Subject / Correspondence Files22, 1959-82

【第Ⅰ章】

(1) Memorandum of Conversation, Sep.2,1955, Subject: Tachikawa and other Base Problems, From S. Graham Parsons, Counselor of Embassy, Secret, RG59, M59, M-2.1/6, Micro Film C43, Reel 39, Facility
(2) Incoming Telegram from Embassy Tokyo to Secretary of State, Nov.6, 1959, 4:48pm, No.C-230, Secret, Rptd Info: CINCPAC, C-86 Exclusive for Admiral Felt and POLAD. COMUSJAPAN Exclusive for General Burns, RG59, Central Decimal Files 1955-59, Box2919
(3) From Embassy Tokyo to Secretary of State, Apr.1,1959,8pm No.1978, Confidential, RG59, Box2918
(4) Outgoing Telegram from Embassy Tokyo To Secretary of State, Mar.30, 1959, 8pm, No.1968, Official Use Only, RG84, Japan Office of the U.S. Political Advisor, Box64
(5) From MacArthur to Secretary of State, Mar.31,1959, No.1969, Secret, RG84, Box64
(6) From MacArthur to Secretary of State, Apr.24,1959, 4pm, No.2200, Confidential, RG59, Box2918
(7) From Embassy Tokyo to Secretary of State, Jun.1,1959, No.G-645, Confidential, RG84, Japan Office of the U.S. Political Advisor, Box69
(8) From MacArthur to Department of State, Aug.10,1959, No.G-83,

あとがき

米公文書館のアーカイブⅡは、広大な敷地をもつメリーランド大学北側の雑木林の中にある。交通の便利な所ではない。ワシントンＤＣの七番街にある本館からは一時間ごとに無料シャトルが出ており、私も長い間、お世話になった。ただ、これは片道一時間ほどかかる。路線バスと地下鉄を乗り継いでＤＣの七番街まで出て、それからまた一時間というのはかなりきつい。

アメリカでの切り詰めた自炊生活はきびしく、いちどワシントンＤＣにきた妻と娘は、すっかり痩せてしまった私を見てひどく心配した。それでも長期にわたる調査活動ができたのは、家族の支えがあったからだ。

近年は、アーカイブⅡ近くのカレッジパークに宿舎を確保し、行きは路線バスだが、帰りは時間がかかっても歩くことにした。在米の友人が宿舎探し、食料確保など親身になって援助してくれた。コンピューター研究中の友人はアーカイブに一緒に来て記録保存を指導してくれた。

おかげで、多くの閲覧者が引き揚げひっそりした閲覧室で時間をかけて、必要な文書を読むことができるようになった。映画によるアメリカ外交を研究しているイタリア青年と二人で、午後九時の閉館時近くまで頑張った日も多かった。アーカイブⅡのスタッフは辛抱強くつきあってくれた。

時間の制約からある程度解放され、多くの米公文書を読んで気がついたのは、安保条約・地位協定の下での日米関係には、あまりにも「密約」が多いということだ。平和や安全に関わる問題に限らない。低空飛行訓練のように暮らしに関わる問題でも、日本政府がアメリカに約束したことの多くが秘密にされ、憲法や法律の解釈も逆さまになっている。政府は正直に発表せず、国会にも報告しない。それが密約を支えている。

アメリカの艦船や航空機が日本の港湾や空港に出入りする時は、日本の法令・規則に従うと、占領下の行政協定交渉でも合意したのに、日本政府はいつから、なぜ、それをくつがえしたのか。国会の議事録を読むと、転換は一九七二年夏の戦車輸送阻止事件の後、同年秋頃から起きていた。アメリカ政府の文書からは、ニクソン政権が日本政府に強力な圧力をかけたこと、日本側がそれにどのように対応したかということがわかった。

日米間では一九七二、七三年の二度にわたる首脳会談をはじめ外相会談、日米安保協議委員会、日米安保運用協議会などを通じて、日本の法令を超える米軍の活動を保障することが話し合われた。田中角栄内閣はとんでもない約束をしていたのだ。

米軍の不法活動がまかり通る根本には、砂川裁判で、最高裁長官が駐日大使に、最高裁判事一五人による評議の内容を通報し、米軍駐留を合意とする判決理由を一本化することまで約束していたことに象徴される、権力中枢の根深い対米従属がある。そのことを、アメリカ政府の公文書がこれほど明確に証明してくれるとは、当初は予想していなかった。

米軍駐留の関係では、本書で取り上げなかった重要な問題がほかにもたくさんある。例えば、米軍基地の中とその周辺における米軍の権利と日本の法令との関係である。一九六〇年の安保国会では政府が「基地は治外法権ではない」「法令が適用される」と繰り返し答弁したが、現実には環境や文化財が破壊されても、基地内河川の氾濫で下流の住民に被害が出ても、自治体が基地に入って調査することもできない。

刑事裁判権の問題でも、一九九五年沖縄県での少女暴行事件で問題になった犯罪米兵身柄引き渡しの問題がある。検察が起訴しないと、警察が容疑者の身柄を拘束して取り調べることができない。殺人やレイプといった凶悪な米兵犯罪でも、犯人が基地に逃げ込めば、日本の捜査当局は手が出せない。こうしたことが刑事裁判権放棄の密約を実行するうえで重要な役割を果たしている。

また、米軍と自衛隊の関係は、現に日米軍事一体化が急テンポで進められているだけに、歴史的にも根本にあるものを明らかにする必要が痛感される。自衛隊基地の米軍との共同使用が拡大し、米軍基地は面積では一九八〇年当時から事実上二倍以上になっている。

これらの問題を扱うには、さらに調査と研究が必要である。この点で本書は未完成だが、大量の米公文書を研究することにより、個別の事実の発掘にとどまらず、日米関係を系統的・構造的に見ることができるようになった。今後の調査・研究の手掛かりにはなると思う。

私が米公文書館でこのような仕事ができるようになったのは、核持ち込み密約、刑事裁判権放棄の密約、米軍基地特権の密約をはじめ日米関係の根幹にかかわる重要な密約の証拠を明らかにして、そのつど政府を窮地に追い込んでこられた国際問題研究家の新原昭治氏の長期にわたる知的援助があったからである。秘密解禁文書の読み方について手ほどきしていただいたのをはじめ、新たな発見があるたびに重要な事実を教えてくださった。

また、高文研の梅田正己、山本邦彦両氏には、執筆、編集はもちろん安保・基地・憲法問題などで深いご教示をいただいた。長年にわたって沖縄・安保問題にかかわり、多くの関係書籍を世に送り出してきた両氏の指摘により、叙述の不足やあいまいさを修正することができた。また、本書は外国政府の内部文書を材料にしていることもあり、私の翻訳力の不足から、当初の原稿は不十分さが少なくなかったが、両氏は辛抱強く、時間をかけて詳細かつ懇切に精査してくださった。厚くお礼を申しあげたい。

二〇一二年　四月

末浪　靖司

末浪 靖司（すえなみ・やすし）

1939年生まれ。ジャーナリスト。現在、日本ジャーナリスト会議会員、日本平和委員会理事。
共著書『検証・法治国家崩壊』（創元社 2014年）『日中貿易促進会―その運動と軌跡』（同時代社 2010年）、
日米外交・安保条約関係の論文として、「日米解禁文書にみる安保密約外交」（「前衛」1988年3月号）「日本の裁判を動かした日米密約」（「前衛」96年5月号）「アメリカが求める九条改憲の深層」（「前衛」2014年5月号）「池子の森と安保条約」（「文化評論」1989年4月号）「今に生きる最高裁長官と米大使の密談」（「法と民主主義」2013年4月号）「米公文書から見る自衛隊と憲法」（「平和運動」2013年11月号）「米中日関係の底流」（「季刊中国」2014年春季号）など。

九条「解釈改憲」から密約まで
対米従属の正体
――米国立公文書館からの報告

●二〇一二年　六月一〇日――――第一刷発行
●二〇一四年　七月　一日――――第三刷発行

著　者／末浪 靖司

発行所／株式会社 高文研
東京都千代田区猿楽町二―一―八
三恵ビル（〒一〇一―〇〇六四）
電話03＝3295＝3415
http://www.koubunken.co.jp

印刷・製本／シナノ印刷株式会社

★万一、乱丁・落丁があったときは、送料当方負担でお取りかえいたします。

ISBN978-4-87498-482-6　C0036